Max Lossen

Die Reichsstadt Donauwörth und Herzog Maximilian

Max Lossen

Die Reichsstadt Donauwörth und Herzog Maximilian

ISBN/EAN: 9783743391963

Hergestellt in Europa, USA, Kanada, Australien, Japan

Cover: Foto ©ninafisch / pixelio.de

Weitere Bücher finden Sie auf **www.hansebooks.com**

Die

Reichsstadt Donauwörth

und

Herzog Maximilian.

Inauguralschrift

zur Erwerbung der philosophischen Doctorwürde an der Universität zu Heidelberg

von

Max Lossen.

München

Druck von F. Straub

1866.

Meinem theuren Oheim und Erzieher

Herrn

Sanitätsrath Dr. Lossen

in Liebe und Dankbarkeit

gewidmet.

I.

Passauer Vertrag und Augsburger Religionsfriede verhüllten die Schäden, an denen das deutsche Reich krankte, heilten sie nicht. Ihre halben Entscheidungen und zweideutigen Bestimmungen lockten eher zu Uebertretungen als sie davon abschreckten. In Folge dessen nahmen die Zwiste und Processe im Reich und besonders in den Städten mit beiden Religionen kein Ende. Auch in Donauwörth war es so, nur waren die Rechtsverhältnisse hier vielleicht unklarer als irgendwo. Zur Zeit des Passauer Vertrages scheinen beide Religionsparteien sich äusserlich fast die Wage gehalten zu haben.[1] Innerlich war das Uebergewicht des Protestantismus längst entschieden.[2] Schon im folgenden Jahre (1553) räumte der Rath auf Andringen der Gemeinde den Prädicanten die Pfarrkirche ein.[3] Seitdem liess der Rath das Kloster zum hl. Kreuz, das seit dem Verkauf des

---

[1] Beck's Chronik f. 97.

[2] Ueber die Geschichte der Reformation in Donauwörth vor dem Passauer Vertrag vgl. Königsdorfer p. 48 ff.

[3] Sie wurde zuerst simultan (Donauwert. Relation p. 6; Königsdorfer p. 158), aber noch in demselben Jahr ganz protestantisch: Beck's Chron. f. 103 b.

Pfarrrechts an die Stadt im Jahre 1530[1] keine pfarrlichen Rechte über die Bürger mehr ausgeübt hatte, wieder für die religiösen Bedürfnisse der Katholiken sorgen; — in dem öffentlichen Cult auf klösterlichem Gebiet ungehemmt, auf städtischem nur in gewissen Schranken. 1567 zuerst beschränkte der Rath die bisher gestatteten katholischen Ceremonien bei Leichenbegängnissen.[2] Seitdem nahmen die Beschränkungen zu, zumal sich mit dem Eifer für Wahrung der städtischen Rechte der religiöse verband. Die beiden letzten katholischen Rathsherren, angesehene Männer aus alten Familien, starben in den letzten Jahrzehnten des Jahrhunderts.[3] Die Prädicanten trieben den Rath zu grösserer Energie an.[4] Zu Anfang des 17. Jahrhunderts waren den Katholiken nur noch wenige katholische Ceremonien auf dem Stadtgebiet gestattet. Processionen durften mit fliegenden Fahnen nur auf dem Gebiet des Klosters gehen; ihren Weg durch die Stadt mussten sie durch eine Hinter-

---

[1] Informatio p. 6. — Relation p. 13. 24. Wenn der Bischof von Augsburg die Bestätigung des Verkaufs wirklich an die in der Beck'schen Chron. (f. 157 b) angegebenen Bedingungen geknüpft hat, so hatte das Kloster ein Recht auf freien Cult in der Stadt, und war des Raths Zustimmung keine blosse ›Concessio precaria‹. Eine Entscheidung hierüber ist nicht mehr möglich.

[2] Ueber die allmählige Einschränkung der kath. Ceremonien s. Relation p. 8 ff. — Königsdorfer p. 204 ff. — Beck'sche Chronik f. 183 b. ff.

[3] Sylvester Manser, gest. vor 1568. Relation p. 9. 13; Beck's Chron. f. 185b; und Wolfgang Tüschinger, gest. 1584. Beck f. 187a.

[4] Relation p. 9. — Königsdorfer p. 239 ff. — RP. 1594 Decemb. 17. (a. C.)

gasse und mit gesenkter Fahne nehmen.[1] Wiederholt versuchten die Mönche die ihnen durch den Rath gesteckten Grenzen zu überschreiten oder wenigstens sich nicht weiter einschränken zu lassen, zwischen den Bischöfen von Augsburg als Ordinarien des Abts und dem Rath fanden darüber mehrmals Verhandlungen statt, auf dem Reichstag von 1594 nahmen die katholischen Stände sogar eine Klage über die Bedrückungen der Donauwörther Katholiken in ihre Beschwerdeschrift auf, aber alle Bemühungen blieben resultatlos.[2] — Mit dem Religionsfrieden haben diese Verhältnisse eigentlich nichts zu thun, sondern sind viel eher privatrechtlicher Art. Eine richterliche Entscheidung war noch dadurch erschwert, dass gleichzeitig Abt und Magistrat darüber stritten, wem in weltlichen Dingen der Schutz über das Kloster zustehe und beide Punkte unlogischer Weise mit einander verwechselten. — Einer Verletzung des Religionsfriedens machte sich dagegen der Rath auf andere Art schuldig. Um die katholische Religion in der Stadt allmählich zu beseitigen, nahm er auf den Rath seiner Advocaten seit dem Ende des 16. Jahrhunderts keinen Katholiken mehr als Bürger auf: die 1596 und 1602 in Bezug

---

[1] Oeffentliche Processionen auf städtischem Gebiet fanden überhaupt erst seit 1579 statt (Beck f. 166). Der Abt selbst anerkannte das Herkommen als Schranke für seinen öffentlichen Cult. Königsdorfer p. 257.

[2] RP. 1577 Okt. 12. 1580 März 26. 1600 Mai 2. 1602 Novemb. 22. 1603 April 12 — Relation p. 11. — Königsdorfer p. 207 ff. — Stadt Donauwörth an die Räthe des Bischofs von Augsburg 1580 Mai 13. — RA. Religions-Acta Donauw. betr. Bd. XIII. 1. — Stadt Donauwörth an den Kaiser 1597 a. a. O. 357. — Donauwörth an den Bischof von Augsburg 1580 Aug. 9. Informatio Beil. 3. — Rathsprotokoll 1598 April 21. Informatio Beil. 4.

hierauf gefassten Rathsschlüsse und zahlreiche praktische Fälle lassen über die Absicht keinen Zweifel.[1] Ausserdem nöthigte man die in gemischten Ehen Lebenden ihre Kinder protestantisch taufen zu lassen. Die Ertheilung bürgerlicher Vorrechte und Aemter wurde von dem Uebertritt zum Lutherthum abhängig gemacht.[2] Jedoch nicht das zunächst, sondern jene Streitigkeiten über die Ceremonien führten zum Process.

Schon in den Jahren 1603 und 1604 hatte sich der Abt erlaubt, gegen das Herkommen mit fliegender Fahne in Procession durch die Stadt zu ziehen und war darüber in Zwistigkeiten mit dem Magistrat gekommen.[3] In der Bittwoche 1605 (16. Mai) that er es wieder. Der Stadtamman Augustin Schmidt, der ihn daran hindern sollte, ging seinerseits wieder weiter als sein Recht, indem er die Fahne ganz abnehmen statt senken liess und, da der Abt protestirte, einen katholischen Bürger nöthigte, sie zum Kloster zurückzutragen.[4] Der Abt klagte bei seinem Or-

---

[1] Dabei verletzte man das alte Herkommen, wonach man durch Heirath mit Bürgerstöchtern das Bürgerrecht erlangte. RP. 1596 Dec. 17. 1597 Jan. 21. 1598 Okt. 6. 1602 (ohne Datum). 1603 Mai 13. Decemb. 26. — Relation p. 9 ff. — Christ. Albrecht und H. J. Maler an die Commissäre zu Donauwörth 1608 März. RA. VII. 76. — Aussage Dr. Asenheimers München 1607 Decemb. 4. RA. IV. 216. — Aussage Georg Wurms 1607 Decemb. 7. RA. IV. 49. — Rathsdecret 1602 Jan. 5. Informatio Beil. Nr. 10.

[2] Zu Anfang des 17. Jahrhunderts war die Absicht fast vollständig erreicht; noch etwa 20 katholische Familien waren in der Stadt, meist arme Leute. (RA. Ante I. 433.) RP. 1601 Nov. 13. (a. C.) 1603 Juli 19. — Commissäre zu Donauwörth an den Herzog Max. Donauwörth 1608 Dec. 18. RA. XI.

[3] S. o. p. 2 Anm. 1 und 2.

[4] Aussage Matthäus Lintscher's 1607 Nov. 26. RA. IV. 60. Aussage Aug. Schmidt's 1607 Dec. 5. a. a. O. 132.

dinarius über diese und andere angebliche und wirkliche Verletzungen des Religionsfriedens, und der Bischof erwirkte vom Reichshofrath eine Citation an den Rath wegen Bruch des Religion- und Laudfriedens, nebst einem Mandat sine clausula, das dem Rath befahl, die Katholiken in der Ausübung ihrer Ceremonien bis zu rechtlichem Austrag nicht zu stören.[1] — Ohne Zweifel hatte der Reichshofrath das Recht, die Klage anzunehmen und zu entscheiden, zumal die Stadt seine Competenz nicht bestritt, aber er hatte keinen Grund, ein Mandat sine clausula zu erlassen. Es scheint, dass Herr Georg Fugger der Aeltere, Reichspfleger zu Donauwörth und Präsident des Reichshofraths, der zu gleicher Zeit wegen Güterkäufen einen Process mit der Stadt hatte, zu solcher Schärfe drängte.[2] — Aeusserlich unterwarf sich der Rath[3] und reichte nur seine Exceptiones sub et obreptionis ein, aber zugleich liess er die Bürgerschaft merken, dass er dem Mandat keine grosse Bedeutung beilegte.

---

[1] Die Process-Acten theilt zuerst die Informatio mit. Beil. 6. 7. 8. 11. — Exceptiones des Donauwörther Raths gegen das erste Mandat, nebst Additional-Artikeln: StA. 379/1. 103. 267: gegen das zweite Mandat a. a O. 131. — Die daran sich knüpfende Polemik in den Streitschriften. Vgl. ausserdem: Ulm an Donauwörth. 1606 März 17. RA. VI. 66. — Nördlingen an Donauwörth. 1606 April 7. RA. VI. 109. — Ulm an Donauwörth. 1607 Jan. 10. RA. VI. 78. — Vgl. auch Kammergerichts-Ordnung II. Th. Tit. XXIII. in Neue Sammlung der Reichsabschiede III. Th.

[2] Christoph Günther an Donauwörth. Prag 1605 Okt. 3. RA. VI. 39. — Conrad v. Bemelberg an Herzog Max. Donauwörth 1609 Sept. 7. RA. XVI. 289.

[3] Bei einer Beerdigung, die am Tag der Insinuation des Mandats stattfand, störte der Rath die katholischen Ceremonien nicht. Beck's Chron. f. 220 a. Relation p. 25.

Er publicirte es nicht,[1] sondern protestirte, als wieder die Zeit der Procession kam, beim Abt und erklärte sich für entschuldigt, wenn ihm dabei etwas übles zustossen sollte.[2] — So kam was kommen musste.[3] Die Mönche, religiös erregt und durch das kaiserliche Mandat ermuthigt, achteten der Warnung nicht; — der fanatische Theil der Bürgerschaft, darunter selbst Weiber, schon zuvor durch heftige Predigten der Prädicanten gegen Mönche und Papisten aufgereizt, nun gleichsam durch des Raths Protest aufgefordert, — fiel in Verbindung mit rauflustigem Pöbel über die Procession her (25. April 1606), trieb mit den Fahnen Spott, schlug mit Prügeln auf die Kreuzfahrer los, verhöhnte sie und trieb sie endlich durch schmutzige Gassen nach dem Kloster zurück. Der Magistrat, oder diejenigen seiner Mitglieder, die seit lange das Regiment in der Stadt führten, besonders Bürgermeister Wurm und Stadtschreiber Khuen, gönnten den Katholiken diese Lektion; sie bestraften weder die groben Excesse noch entschuldigten sie sich beim Abt. Dagegen erbaten sie auf dem Städtetag zu Worms im Mai Rath, was sie bei neuen Processionen thun sollten.[4] Von

---

[1] Der grosse Rath wurde in Kenntniss davon gesetzt (Auss. Georg Khuens 1608 Mai. 9. Beck's Chron. f. 220 a), aber er kann nicht als Repräsentation der Gemeinde gelten.

[2] Beck's Chron. f. 220 b.

[3] Ueber den Tumult am 25. April 1606. s. Aussage Sebastian Schenk's (aus der Gemeinde) 1607 Sept. 19. RA. II. 150; — Matthäus Lintscher's (vom grossen Rath); Matthäus Kratzer's (1607 Nov. 29. RA. IV. 82); Dr. Asenheimer's und Bürgermeister Wurm's — (alle drei vom kleinen Rath). — Protokoll des Stadtschreibers bei Beck f. 220 b f. — Beck's Bellum fustuarium 1606. RA. Ante I. 4.

[4] Anbringen der Donauwörther Abgeordneten auf dem Städtetag zu Worms 1606 Mai. 26. RA. Ante 1. 408.

den Städten riethen die einen zur Nachgiebigkeit, die anderen zur Erhaltung des Rechtsbesitzes.[1] Schliesslich erlangten die Donauwörther durch ungenaue Schilderung der Vorgänge die Aufnahme ihrer Beschwerde in die allgemeine Beschwerdeschrift der Städte über die scharfen Processe des kaiserlichen Reichshofraths in Religionssachen.[2]

Bis zur Insinuation des zweiten kaiserlichen Mandats (22. Dec. 1606) sind Rath und Gemeinde zu Donauwörth in der Hauptsache einig. Danach aber legt jener den Grund zum Zerwürfniss, nicht indem er gegen die in der zweiten kaiserlichen Citation namentlich Beschuldigten ein Verhör anstellt und einen, der sich nicht zu rechtfertigen vermag, für kurze Zeit einsperrt,[3] sondern indem er in seinen neuen Exceptionen die ganze Schuld des Tumults von sich ab und auf den Pöbel schiebt, dessen die Obrigkeit nicht immer mächtig sei. Dem kaiserlichen Hof kann daraus, dass er auf diese Entschuldigung hin den Herzog von Baiern mit dem Schutz beauftragte,[4] den der Rath den öffentlichen Ceremonien der Katholiken nicht gewährte, kein Vorwurf gemacht werden. Zunächst war er an die für das Kammergericht bestimmte Executionsordnung nicht streng gebunden; denn sie hatte ihren Grund nur darin:

---

[1] Auss. Dr. Asenheimer's (Frage 112).

[2] Der Städtetag zu Worms an den Kaiser. Worms 1606 Mai. StA. 379/1. 356. — Wolf theilt (II. 196) ein mir sonst nicht bekannt gewordenes Gutachten der Städte mit. Vielleicht verwechselt oder vermischt er hier zwei Dinge: das Gutachten der Städte und ein anderes von Dr Faber. Vgl. Auss. Augustin Schmidt's und Relation p. 137.

[3] Beck's Chron. aus dem Rathsprotokoll f. 223a.

[4] Wolf II. 198. — Informatio Beil. 11. — Der Kaiser an den Bischof von Augsburg. Prag 1607 März 17. RA. I. 11.

dass es ihm an eigenen Mitteln zur Exequirung seiner Urtheile fehlte; — dann aber handelte es sich zunächst gar nicht um die Execution eines Urtheils. Verhängnissvoll aber war dieser Auftrag, denn damit verlor der Streit seinen localen Charakter und gieng hinaus über einen blossen Rechtshandel. Unwillkürlich drängt sich daher die Frage auf, ob der Herzog nichts gethan habe, um eine Commission zu erhalten, die ihn von Reichswegen zum Schützer des Katholicismus erklärte. Der nahe liegende Gedanke ist irrig.[1] Was den kaiserlichen Hof zu seinem Entschluss bestimmt habe, ist klar, wenn er sich auch selbst über die Tragweite desselben nicht klar war; wer ihn aber dazu vermocht, muss unentschieden bleiben, der Herzog war es sicher nicht.

---

[1] Die Donauw. Execut.-Acta beginnen mit dem kaiserl. Commissionsschreiben an den Herzog Max vom 16. März; — der Bischof von Augsburg wird beauftragt, den Herzog von dem bisherigen Verlauf der Donauwörther Sache in Kenntniss zu setzen. — Nur einmal fällt am kaiserl. Hof die Aeusserung, der Herzog Max habe die Commission selbst solicitirt. Die Umstände, unter denen dies geschieht, und die Person des Sprechenden v. Attimis erlauben jedoch nicht, sie für wahr zu halten. Auch wird von Seiten des Bairischen Gesandten sofort widersprochen. Forstenhauser an den Herzog Max. Prag 1608 Nov. 17. RA. XIV. Herzog Max an Andre Hannewald. München 1609 Febr. 12. RA. XV.

II.

Der Donauwörther Streit hatte bisher weder eine grosse principielle Bedeutung gehabt, noch war er wichtig durch die natürliche Stellung der streitenden Theile. Denn Donauwörth war zwar als Donaupass und Grenzort zwischen Schwaben, Franken, Baiern wichtiger als andere eben so kleine Landstädte, — es zählte kaum 4000 Einwohner,[1] — aber der allgemeine ökonomische Verfall der deutschen Städte wurde hier noch erhöht durch eine strenggeschlossene selbstsüchtige und unfähige Obligarchie.[2] Bedeutung erlangte der Streit erst dadurch, dass der Herzog von Baiern durch die kaiserliche Commission die erwünschte Gelegenheit erlangte, zum ersten Mal etwas für die Realisirung seiner ohne Zweifel schon damals feststehenden politisch-religiösen Absichten zu thun. Die durch die Tradition seines Hauses ererbten und mit eigener Ueberzeugung verfolgten

---

[1] Wolf's Angabe (II. 346.), vor der Execution habe die Bürgerschaft aus 900, nachher nur aus 533 Mann bestanden, ist irrig. Der Unterschied betrug höchstens 20 Mann, so viele als im Juli 1609 noch flüchtig waren. Die Differenz zwischen den verschiedenen Angaben über die Stärke der Bürgerschaft erklärt sich so, dass die Zahl der eigentlichen Bürger ca. 540 betrug, — die Zahl der Waffenfähigen (d. h. erwachsenen Männer) ca. 7 bis 900. Letztere als Basis genommen, ergibt sich eine Seelenzahl von ca. 3000—4000. — Die Commissäre zu Donauwörth an den Herzog Max 1609 Juli 24. RA. XVI. 190 — Auss. Seb. Schenck's. — Viepeck an den Herzog Max. Rain 1607 Nov. 14. RA. III. 1.

[2] Hauptquelle für die Kenntniss des ökonomischen und politischen Zustands der Stadt bilden die o. a. Aussagen und die Rathsprotokolle von 1534/52, 1569/84 und 1594/1603.

Ziele, denen er sein Leben lang treu geblieben ist, sind: den durch die Ausbreitung des Jesuitenordens und durch das Tridentiner Concil innerlich erstarkten Katholicismus auf allen Punkten Deutschlands, wo er noch rechtlichen Bestand hatte, festzuhalten, und das ihm widerrechtlich, d. h. seit dem Passauer Vertrag entrissene Gebiet wieder zu gewinnen. Bei dem Hader der protestantischen Parteien unter einander brauchte man alsdann nur das geistige Uebergewicht, das der Katholicismus damals hatte, wirken zu lassen, um mit der Zeit ihm die getrennten Glieder wieder zuzuführen. Selbstsüchtige Nebenabsichten hatte der Herzog nicht.[1] Es scheint sogar, dass man am Münchner Hof ganz vergessen hatte, dass Donauwörth einst eine bairische Stadt gewesen war.

Die Instruction, die Max seinen nach Donauwörth Subdelegirten Oberst Alexander v. Haslang und Dr. Otto Forstenhauser gab, die Wahl der Personen selbst beweist, dass er bei diesem ersten praktischen Versuch auf keine grossen Schwierigkeiten rechnete.[2] Hierin irrte er sich. Zwar nicht am Rath, der den ungestümen Forderungen der Commissäre, den kaiserlichen Mandaten zu gehorchen, sofort nachgab, aber an der Ge-

---

[1] Die erste Andeutung, dass man die Execution gegen Donauwörth als Mittel zur Vergrösserung Baierns benutzen wollte, findet sich in einem Gutachten Dr. Jochers, das zwischen dem 17. und 24. Dec. abgegeben wurde. Dasselbe beweist aber auch, dass der Gedanke selbst ganz neu war. Gutachten Dr. Jocher's wegen der Religion in Donauwörth etc. 1607 Dec. RA. IV. 329.

[2] Herzog Max an den Kaiser. München 1607 April 9. RA. I. 13. — Instruction für Alex. v. Haslang und Otto Forstenhauser. München 1607 April 20. RA. I. 19. — v. Haslang war ein wackerer Soldat, aber kein Politiker (vgl. Haslang an v. Rechberg. Rain 1607 Nov. 9. RA. II. 474), und Forstenhauser gehörte nicht zu den höher stehenden Räthen des Herzogs.

meinde fanden diese unerwarteten Widerstand.[1] In ihr hatte das in Folge persönlicher Abneigung und bürgerlicher Zwiste längst herrschende Misstrauen gegen den Rath bereits eine bedenkliche Höhe erreicht. Zwei Tage vor Ankunft der Commissäre hatte der Rath öffentlich einen Protest gegen die beabsichtigte Procession angeschlagen. Darin bezeichnete er den Auflauf des vorigen Jahres, indem die Gemeinde einen Triumph des evangelischen Glaubens sah, als einen Tumult des gemeinen Mannes, behielt sich aber das Recht vor, die Procession zu hindern.[2] Kurz darauf hatte er den Zünften das kaiserliche Mandat, über das man bisher nur verächtliche Reden gehört hatte, verlesen lassen und sie zum Gehorsam gegen die Obrigkeit, die für alles nöthige gesorgt habe, aufgefordert; — und jetzt, nach Ankunft der bairischen Commissäre, verlangte er mit einem Mal von der Gemeinde, sie solle die Procession des Abts und alle seine Ceremonien in Zukunft ungestört lassen. Durch solche Widersprüche brachte er sich um den Rest von Achtung und Vertrauen. In Ulrich Prunner, genannt Kaut, einem Zunftmeister unter den Lodern, fand die Gemeinde einen Agitator, der zunächst seine und die Krämerzunft, dann die ganze Gemeinde anstatt des Raths zur Vertheidigung der Religion und reichsstädtischen Freiheit aufrief. Entflammt durch diese Schlagwörter blieben die Zünfte selbst gegen das Zureden der Prädicanten taub; denn auch diese hatten bisher eine ganz andere Sprache

---

[1] Ueber diese erste Commission s. den Bericht der Commissäre bei Wolf II. 199 ff. — Dagegen aus dem Donauwörther Rathsprotokoll bei Beck f. 232b. ff. — und Donauwörth an den Pfgr. von Neuburg 1607 April 25. RA. Ante I. 36. — Aussage Schenck's.

[2] Informatio Beil. Nr. 9.

gegen die Ceremonien der Papisten geführt[1] Sie liefen aus den Zunftversammlungen ins Tanzhaus, bewaffneten sich und zogen dann hinab zum Rathhaus. Dort zwangen sie den Rath, von den bairischen Commissären die Einstellung der Procession zu verlangen. Diese wichen der Gewalt und verliessen die Stadt, nachdem sie den Abgeordneten des Raths das Versprechen abgenommen hatten, die Gemeinde zur Nachgiebigkeit zu bewegen und innerhalb sechs Wochen zu erklären, ob sie gehorchen wollten oder nicht. Zwei Wege standen dem Rath offen; entweder er versuchte, gehorsam den kaiserlichen Befehlen, sein Versprechen zu halten, oder er verband sich mit der Gemeinde, machte seine Sache zu einer allen evangelischen Ständen gemeinsamen, und rief sie zur Vertheidigung auf. Da der Pfalzgraf von Neuburg und die Stadt Ulm ihre Unterstützung zusagten,[2] so gewann diese Meinung, zumal Bürgermeister Wurm und der Stadtschreiber Khuen sie zu der ihrigen machten,[3] die Oberhand. Ulm und der Pfalzgraf beriefen eine Anzahl lutherischer Stände nach Nördlingen, um über die Donauwörther Sache zu rathschlagen.[4] Von

---

[1] Ueber das Verhalten der Prädicanten während des Prozessionsstreites s. Aussagen einiger Donauwörther etc. Donauwörth 1608 Febr. RA. VI. 396. Grüntliche Erzelung wegen der Donauw. Unruhen. 1608 Aug. StA. 379/1. 34. und die o. a. Aussagen

[2] Relation Schmidt's, Asenheimer's, Cuno's über ihre Gesandtschaft nach Neuburg 1607 April 26, — und derselben über ihre Gesandtschaft nach Ulm 1607 April 30. RA. VI. 129 u. 103.

[3] Auss. Dr. Asenheimer's, Wurm's, Khuen's. — Georg Cuno an Bürgermeister und Rath zu Donauw. Augsburg 1607 Sept. 21. RA. Ante I. 269.

[4] Ulm an Regensburg, Nürnberg, Schwäb. Hall, Nördlingen 1607 Mai 6. RA. VI. 100.— Der Pfalzgraf von Neuburg an den

dem Pfalzgrafen geht die Anregung aus; wenn wir nicht irren, war es seine oder seiner Räthe Absicht, unter den lutherischen Fürsten und Städten Süddeutschlands eine dauernde Vereinigung herbeizuführen. Daher lud er zunächst die beiden Fürsten ein, mit denen er, wie es scheint, schon länger in näheren Beziehungen stand, den Herzog von Würtemberg und den Markgrafen von Baden,¹ dann noch seinen Nachbar, den Markgrafen von Brandenburg-Ansbach. Ulm wandte sich an die bedeutenderen Städte der drei Kreise: Nürnberg, Regensburg, Schwäbischen Hall, Nördlingen. Das Resultat der Nördlinger Versammlung (Mai 22/25.)² waren drei Intercessionsschreiben für Donauwörth, an den Kaiser, an den Herzog Max und an den Bischof von Augsburg. Sie enthielten einen dreifachen Angriff: auf die Competenz des Reichshofraths in Religionsstreitigkeiten, auf das Recht des Herzogs, in einem fremden Kreis die Execution vorzunehmen, und auf die Anmassung des Abts zum h. Kreuz und des Bischofs von Augsburg, sich in Donauwörth Neuerungen in den katholischen Ceremonien zu erlauben. — Um der Berufung auf die Executions-Ordnung mehr Kraft zu verleihen, richtete der Herzog von Würtemberg als Schwäbischer Kreisoberst besondere Proteste an den Kaiser, an Herzog Max und an den Bischof von Augsburg gegen jeden Eingriff in sein Amt.³ — Von

Herzog von Würtemberg, den Markgrafen von Ansbach, den Markgrafen von Baden 1607 Mai 7. RA. VI. 122.

¹ Protokoll einer Hofrathssitzung. Neuburg 1607 Dec. 25. StA. 338/26. 129

² Relation über den Convent in Nördlingen 1607 Mai 27. RA. Ante I. 67. Intercession bei Kai. Mt. 1607 Mai 30. RA. Ante I. 114. Intercession bei dem Bischof von Augsburg 1607 Mai 30. RA. I. 218. bei Herzog Max 1607 Juni (?). RA. Ante I. 122.

³ Der Herzog von Würtemberg an den Herzog Max. Stuttgart

einer Entschuldigung wegen der groben Schmähungen, die gegen den Herzog Max und seine Subdelegirten und selbst gegen den Kaiser bei dem Auflauf im April gefallen waren, war nicht die Rede. — Die Absicht war, die Weiterführung des Processes, namentlich die Execution, bis zum Reichstag zu verzögern; dort sollten sich Mittel finden, sie ganz zu vereiteln.¹ In dem Angriff auf die Competenz des Reichshofraths statt auf das Processverfahren in dem speciellen Fall zeigt sich bereits eine bedenkliche Hinneigung zu der calvinisch-pfälzischen Partei, in deren Programm dieser Punkt seit Jahren stand, — um so bedenklicher als der Stadt, die ausdrücklich den Gerichtshof anerkannt hatte, damit nicht gedient sein konnte.

Indess war man das Frühjahr und den Anfang des Sommers hindurch in Donauwörth guter Dinge, verliess sich auf die Hülfe der protestantischen Stände, schickte an den kaiserlichen Hof Exceptionen, weshalb die Execution durch den Herzog von Baiern nicht stattfinden dürfe,² und an diesen, als der sechswöchentliche Termin zu Ende gieng, die Bitte, ihn zu verlängern, nicht um die Gemeinde zum Gehorsam zu bringen, sondern um bei den Benachbarten sich Raths zu erholen.³ Das Verhältniss zur Gemeinde war in Folge dessen ein ganz ungetrübtes; die Mönche aber und die wenigen Katholiken in der Stadt hatten vielen

---

1607 Juni 5. RA. I. 121. Derselbe an den Bischof von Augsburg Juni 5. RA. I. 223.
¹ Relation Cuno's über seine Verrichtung in Neuburg 1607 Juni 24. RA. VI. 159. Donauwörth an den Churfürsten von Sachsen 1607 Juni 27. RA. Ante I. 147.
² Deductio rechtmessiger Exceptionum. Donauwörth 1607 Juni 22. RA. Ante I. 108.
³ Donauwörth an den Herzog Max 1607 Juni 2. RA. I. 96.

Spott und Verfolgung zu leiden. Der Abt machte sich mit seinem Obervogt zum Verdruss seiner Brüder davon, kehrte jedoch bald wieder.[1]

Wenn man aber geglaubt hatte, durch blosse Schreibereien einen Mann wie den Herzog von Baiern zu schrecken, so war das eine arge Kurzsichtigkeit. Seine eigene Ehre wie die von ihm verfochtene Sache verboten ihm jetzt zurückzuweichen. Daher drängte er den Kaiser zur Strenge gegen die Rebellen und erbot sich zum Vollstrecken seiner Befehle.[2] Als man am kaiserlichen Hof zauderte und Lust zeigte, sich auf gute Manier aus der Sache, die bereits einen ernsten Charakter annahm, herauszuziehen,[3] kam er auf den Rath seiner geheimen Räthe[4] zuvor und erklärte selbst es nicht länger mit seiner Ehre verträglich, den gehorsamen Diener des Kaisers zu spielen.[5] Das wirkte. Die Politik des Prager Hofes war gewiss schon damals nicht besser als in den folgenden Jahren, wenn anders das Streben, es mit keinem zu verderben, um von einem jeden möglichst viel Geld zu erhalten, noch den Namen Politik verdient.[6] Und wie der kaiserliche Hof im

---

[1] Königsdorfer p. 285 ff. — Marx Welser an den Herzog Max 1607 Juli 11. RA. I. 182. — Hans Ulrich Strele an v. Bemelberg 1607 Juli 13. RA. I. 190. — Relation von Einnemung der stat Thonawert (von Ulrich Grosz). Donauwörth 1606 Jan. 11. MB. Cod. Germ. 1251 f. 103.

[2] Wolf. p. 205.

[3] Der Kaiser an den Herzog Max. Prag 1607 Juni 5. RA. I. 110. — Wilhelm Bodenius an den Herzog Max, bei Wolf 208.

[4] Gutachten der geh. Räthe 1607 Juni. RA. I. 112.

[5] Schreiben des Herzogs Max vom 19. Juni, bei Wolf. 213.

[6] Sehr belehrende Berichte über die Zustände am Prager Hof erstattete Dr. Forstenhauser während seines dortigen Aufenthaltes von Sept. 1608 bis Juni 1609. RA. XIV. und XV. — Anderes bei v. Hurter u Gindely.

Ganzen, so machten es auch seine einzelnen Mitglieder. Hic omnia sunt venalia, berichtete Forstenhauser einige Zeit später aus Prag; der Unterschied war nur, dass der eine baar Geld, ein anderer goldene Ketten, ein dritter Wein vorzog. Dem widerspricht nicht, dass die grossen Parteirichtungen der Zeit auch unter den Leuten am Hof ihre Vertreter fanden; man liess sich am liebsten von der eignen Partei schmieren, hielt aber auch das Geld der andern nicht für schmutzig. — Herzog Max wirkte jetzt noch nicht mit solchen Mitteln,[1] aber er schrieb an seine Freunde am Hof, besonders an den Vicekanzler v. Stralendorf,[2] der für eifrig katholisch galt[3] und dem sowohl Forstenhauser als der baierische Agent Bodenius das Lob ertheilten, er und Hannewald allein unter den geheimen Räthen verständen etwas von den Reichsconstitutionen.[4] — Man schätzte bei Hof des Herzogs Gunst und fürchtete seine Ungnade. Dies und vielleicht mehr noch die Erbitterung über den Angriff der protestantischen Stände in der Nördlinger Intercession, — denn wenn man sich auch selbst nicht achtete, verlangte man wenigstens von anderen äusserliche Achtung, — bestimmten den kaiserlichen Hof, alle Bedenken fahren zu

---

[1] Die Geschenke, die Wolf p. 207 aufzählt, wurden erst im Jahr 1609 ausgetheilt, als es sich um die Immission des Herzogs in Donauwörth handelte.

[2] Herzog Max an v. Stralendorf. München 1607 Juni 26. RA. I. 141. — Herzog Max an Bodenius 1607 Juli 10. RA. I. 176.

[3] Friedrich Sodeur an Joachim v. Donrsperg. Prag 1607 Mai 5. RA. I. 60.

[4] Forstenhauser an den Herzog Max. Prag 1608 Dec. 27. RA. XIV. — Bodenius an den Herzog Max. Prag 1609 Jan. 12. RA. Prager Nachrichten 1609.

lassen und die in der zweiten Citation angedrohte Strafe der Acht wirklich über Donauwörth zu verhängen (3. August).[1] Zugleich wies der Kaiser den Angriff auf den Reichshofrath und die Berufung des Herzogs von Würtemberg auf die Executionsordnung scharf ab.[2] Schon war bestimmt, der Herold solle dem Herzog von Baiern die Achtdecrete zur Publication überbringen, als ein demüthiges Schreiben des Donauwörther Raths anlangte mit der Bitte, die Acht nicht auszusprechen: der Rath und ein Theil der Bürgerschaft sei zum Gehorsam gegen die kaiserlichen Mandate bereit gewesen, aber durch den gemeinen Pöbel verhindert worden; darum möge man der Unschuldigen schonen und gegen die Schuldigen verfahren lassen: bereits seien zwei Verdächtige verhaftet.[3] Das eine Motiv für den kaiserlichen Hof, Strenge zu gebrauchen, fiel damit weg; dem Herzog Max aber benahm man jeden Grund zur Beschwerde, indem man ihm zwar das Achtdecret zuschickte, aber zugleich durch ein Postscript zu verstehen gab, der Kaiser wünsche die Publicirung nicht, sondern ihm genüge ein Revers des Raths über die Sicherheit der katholischen Ceremonien, Untersuchung und Bestrafung der Schuldigen.[4]

Den Umschwung in Donauwörth hatten wieder auswärtige Einflüsse bewirkt: einestheils Nachrichten vom kaiserlichen Hof, dass man dort sehr ungünstig gegen Donauwörth ge-

---

[1] Achtserklärung gegen Donauwörth. Prag 1607 Aug. 8. RA. II. 480. — Achtsdecret bei Wolf II. 235.

[2] Der Kaiser an die für Donauwörth intercedirenden Stände. Prag 1607 Aug. 2. bei Königsdorfer p. 290.

[3] Bürgermeister und Rath zu Donauwörth an den Kaiser 1607 Juli 27. RA. I. 251.

[4] Das kaiserliche Postscript bei Wolf p. 217.

stimmt sei,[1] dann die dringende Mahnung eines alten Freundes der Donauwörther, des kaiserlichen Rathes Zacharias Geuzkofler,[2] und selbst einer nach Stuttgart zur Berathung über die Donauwörther Sache berufenen Versammlung Schwäbischer Kreisstände,[3] der Rath solle sich entschuldigen, damit man nicht ihm die vom Pöbel verübten Excesse zur Last lege. Den Mittelpunkt dieser Agitation bildet in diesem Augenblick Geuzkofler. Früher Reichspfennigmeister, hatte er, der Vertraute des Erzherzogs Mathias, vielleicht in Folge des Wiener Vertrags (1606 April 25.) den kaiserlichen Dienst verlassen und sich auf seine Güter nach Haunsheim zurückgezogen. Von hier aus blieb er in Verbindung mit seinen Freunden am Prager Hof, wie mit den süddeutschen lutherischen Fürsten,[4] vielleicht auch mit den

[1] Donauwörth an Herrn von Westernach 1607 Juli 24. RA. Ante 1. 188. — Donauwörth an den Pfalzgrafen von Neuburg 1607 Sept. 18. StA. 338/26. 56. — Donauwörth an Christoph Günther 1607 Juli 27. RA. Ante I. 232.

[2] Christoph Mumprecht an Donauwörth. Lauingen 1607 Juli 30. RA. Ante I. 234. — G. Galgmair an Georg Wurm 1607 Aug. 5. RA. VI. 55. — Geuzkofler an Donauwörth. Haunsheim 1607 Aug. 18. RA. VI. 53. — Diener Geuzkofler's an Asenheimer (?). Haunsheim 1607 Aug. 25. (?) RA. Ante I. 27. — Geuzkofler hatte sich bereits im Jahr 1606 der Donauwörther am kaiserlichen Hof angenommen. Christoph Günther an Donauwörth. Prag 1606 April 3. RA. VI. 47. — Geuzkofler an Donauwörth. Prag 1606 April 24. RA. VI. 51. — Christoph Günther an Donauwörth Prag 1606 April 29. RA. Ante I. 407.

[3] Die Abgeordneten von Donauwörth an die württembergischen Räthe. Stuttgart 1607 Juli 24. (?) RA. I. 226.

[4] Protokoll einer Pfalz-Neuburger Hofrathsitzung 1607 Juni 25. StA. 338/26. 11.

Erzherzogen Mathias[1] und Maximilian.[2] Unsere Nachrichten sind dürftig; doch ist wohl die Vermuthung erlaubt, dass schon er den Plan hatte, den später der Cardinal Klesl durchzuführen versuchte, — dem Kaiser bei evangelischen und katholischen Ständen des Reichs eine Partei zu bilden, mit der die beiden Parteien, die ein religiöses Princip auf ihre Fahne geschrieben hatten, der Herzog von Baiern und der Churfürst von der Pfalz, später Union und Liga, niederzuhalten wären. Wahrscheinlich hatte Geuzkofler schon damals begonnen, Misstrauen gegen den Herzog Max, als sei es ihm nur um Erwerbung der Stadt zu thun, am kaiserlichen Hof zu säen; gewiss war seine Politik für Donauwörth die einzig richtige, das heisst eine solche, welche die Stadt vor Unglück schützen konnte.[3]

Herzog Max war inzwischen nicht müssig gewesen. In der Zeit, als er zweifeln musste, ob er am kaiserlichen Hof Recht finden würde, und da er sah, dass die protestantischen Stände anfiengen, die Donauwörther Sache als eine gemeinsame zu betrachten und sich deshalb mit einander zu verbünden, sah er sich gleichfalls nach einem Rückhalt um, für den Fall, dass die Dinge einen ernsteren Charakter annehmen würden. Dies der Grund seines Schrei-

---

[1] An ihn ist das Schreiben des Erzherzogs gerichtet, das während des Reichstags in Regensburg aufgefangen und erbrochen wird.

[2] Joh. Greck an den Pfalzgrafen Philipp Ludwig. Ulm 1607 Nov. 22. StA. 338/26. 100.

[3] Vgl. Zach. Geuzkofler an v. Westernach. Haunsheim 1607 Dec. 4 RA. III. 484 und A. Hannewaldt an den Herzog Max. Regensburg 1607 Dec. 11. RA. III. 481. — Marx Welser an den Herzog Max. Augsburg 1607 Juli 7. RA. I. 177. — Wilh. Bodenius an den Herzog Max. Prag 1607 Nov. 26. StA. 485/5.

bens an den Erzbischof und den Coadjutor von Cöln,[1] das wie eine Recognoscirung des Terrains erscheint, auf dem er später operiren wollte. Er begnügt sich damit, dass beide auf seinen Gedanken eingehen,[2] denn bald danach erfolgt die Achterklärung und eröffnet ihm die Möglichkeit, ohne die von einem Bund der katholischen Fürsten zu befürchtende grössere Verwicklung[3] sein nächstes Ziel, Schutz der katholischen Religion in Donauwörth, zu erreichen. Seine Subdelegirten, denen er jetzt noch den Obersten Engelbert v. Bönikhausen, und als geistigen Leiter den vorsichtigen und milden Dr. Jocher beigab, befahl er in Uebereinstimmung mit dem kaiserlichen Schreiben den Revers, Verhör und Auslieferung der Schuldigen zu verlangen. Durch die Drohung mit der bereits erkannten Acht hoffte er den Rath leicht zum Gehorsam zu bringen. Das gelang auch nach sechstägigen Verhandlungen (4. bis 9. September).[4]

---

[1] Herzog Max an den Churfürsten von Cöln (und Coadjutor von Cöln). München 1607 Juli 3. RA. I. 145. — Vergl. Cornelius: Zur Geschichte der Gründung der deutschen Liga (Münchner hist. Jahrbuch für 1865) p. 139.

[2] Auch der Churfürst von Mainz wurde durch den von Cöln um seine Mitwirkung ersucht. Der Churfürst von Cöln an den Herzog Max. Neuhaus 1607 Sept. 21. RA. II. 125. Das Schreiben der drei geistlichen Churfürsten, das der Churfürst von Cöln und sein Coadjutor erwähnen, wurde vielleicht das Jahr zuvor von Coblenz aus an den Kaiser gerichtet: Vgl. Häberlin (v. Senckenberg) Neuere teutsche Reichsgesch. Bd. 22 p. 701.

[3] Aus diesem Grund rieth Marx Welser dem Herzog von einem Bund der katholischen Stände im gegenwärtigen Augenblick ab. Marx Welser an den Herzog Max. Augsburg 1607 Aug. 6. RA. I. 265.

[4] Gutachten der baier. geh. Räthe München 1607 Aug. 30. RA. II. 32. — Instruction für die Subdelegirten nach Donauwörth. München 1607 Sept. 1. RA. II. 55. — Relation Dr. Zeschlin's.

Dennoch hat die Commission ihren Zweck verfehlt. Zwei Dinge waren Schuld daran: der offene Zwiespalt zwischen Rath und Gemeinde, und die Einmischung der Gesandten protestantischer Räthe. Das gute Vernehmen des Raths mit der Gemeinde hatte nur so lange gedauert, als er ihr den Willen that und seine Massregeln volksthümlich blieben. Das Entschuldigungsschreiben an den Kaiser und die Verhaftung zweier Bürger, des Goldschmieds Schenck und des Loders Eckl, als Rädelsführer stand im offenen Widerspruch damit. Doch hatte man ihre Verhaftung ruhig geschehen lassen: ob aus der der Menge innewohnenden Gleichgültigkeit gegen alles, was einmal geschehen ist, — ob deshalb, weil man keinen der Führer der Volksbewegung ergriffen hatte,[1] — ob der Rath der Gemeinde die Nothwendigkeit, wenigstens zum Schein sich zu unterwerfen, klar

---

Neuburg 1607 Sept. 12. MB. Cod. Germ. 1251. f. 132. — Proposition und Vortrag der Subdelegirten. Donauwörth 1607 Sept. 4. RA. II. 115. — Subdelegirte an den Herzog Max. Rain 1607 Sept. 5. RA. II. 71. — Nördlingen an Donauwörth 1607 Sept. 5. RA. Ante I. 263. — v. Rechberg und Herwart an den Herzog Max. München 1607 Sept. 6. RA. 76. — Donrsperg an Dr. Forstenhauser. Seeholz 1607 Sept. 6. RA. 78. — Donauwörth an den Herzog Max 1607 Sept. 6. R. A. Ante I. 267. — Die Subdelegirten an den Herzog Max. Rain 1607 Sept. 8. RA. II. 83. — Erklärung der Donauwörther vom 8. Sept.; — die dem Stadtschreiber am 8. Sept. in die Feder diktirte Resolution — der Revers — Informatio Beil. 26. 27. 28.

[1] Schenck war zwar an dem Tumult im April 1607 stark betheiligt, jedoch nicht als Rädelsführer; der Loder Eckl aber war ganz unschuldig, jedoch ein Lump, den man vielleicht so los zu werden froh war. Aussagen Schenk's, Lintscher's, Ulrich Hindennach's (München 1607 Dec. 1. RA. IV. 100). — Die Führer der Bewegung waren schon im April 1607 in zweiter Linie neben Kaut: Bastl Hohenschilt und Thomas Mayr, gen. Luckenwirth. (S. die angeführten Aussagen.)

gemacht hatte, — wir wissen es nicht. Jetzt aber verlangten die Commissäre nicht nur das Versprechen, alle katholischen Ceremonien zu dulden, und die Auslieferung der zwei als verdächtig angegebenen Bürger, sondern Verhör und Auslieferung aller, die sonst noch schuldig waren. Das bedrohte fast einen jeden. Der Rath wagte nicht einmal, ihre Forderungen vollständig der Gemeinde mitzutheilen. Neuburger und Oettinger Gesandte, die auf Ersuchen des Raths nach Donauwörth gekommen waren, erklärten sich entschieden gegen die Einwilligung in den verlangten Revers. Die bairischen Gesandten aber bestanden auf ihrem Befehl. Die versteckten Drohungen der fremden Gesandten bestärkten sie und den Herzog Max nur in ihrer Entschiedenheit. So brachten sie endlich den Rath dazu, dass er auf Andringen des Stadtsyndicus Dr. Asenheimer, der stets zur Nachgiebigkeit gerathen hatte, und des Stadtschreibers Khuen, eines wankelmüthigen eiteln Mannes, den Revers in seinem und des grösseren Raths Namen unterzeichnete, und in der Nacht vom 9. auf den 10. September die beiden Gefangenen heimlich auslieferte.

Am andern Morgen verbreitete das Gerücht vielleicht noch übertreibend die Kunde von dem Inhalt des Reverses; man erfuhr, dass die Gesandten der protestantischen Stände, auf die man grösseres Vertrauen als auf die eigene Obrigkeit setzte, die Nachgiebigkeit des Raths scharf gerügt hatten; die Auslieferung der beiden Gefangenen und die Flucht des Stadtschreibers, der sich wie im Bewusstsein einer bösen That gleich danach davon gemacht hatte, wurde bekannt.[1]

---

[1] Georg Cuno an den Bürgermeister und Rath zu Donauwörth. 1607 Oct. 31. RA. Ante I. 400.

Die Revolution begann. Der vom kleinen Rath ernannte politisch fast bedeutungslose grosse Rath der Zwanziger[1] und selbst ein Theil des kleinen Raths waren gegen die Urheber dieser Dinge erbittert wie die Gemeinde.[2] Dazu hatte die Volksbewegung, seit wann wissen wir nicht, zu ihrem religiösen Charakter einen rein politischen, den einer Opposition der zurückgesetzten alten Bürgerfamilien gegen die herrschenden neuen Familien, die Bauernknöpfe vom Land herein, angenommen.[3] Die Gemeinde aber handelte jetzt. Man lief nicht mehr in ungeordneten bewaffneten Haufen vors Rathhaus. Die Zünfte versammelten sich eigenmächtig; sie wählten einen Ausschuss,[4] in dem sich alle jene

---

[1] Meistens wird er, nach einer alten Reminiscenz, „die Sibziger" genannt; im Februar 1552 hatten kaiserliche Commissäre auf Befehl Karls V eine Reform in conservativem Sinn in Donauwörth vorgenommen, und dabei auch den grossen Rath in eine Art Ausschuss der Bürgerschaft von 20 Personen verwandelt. RP. 1552 Febr. 3.

[2] Relation von Ulrich Grosz. Donauwörth 1607 Jan. 11. MB Cod. germ. 1251 f. 103 — Anna Schenck und Kunigunde Eckl an den Pfalzgrafen von Neuburg 1607 Sept. RA. Ant. I. 398.

[3] Aussage Matthäus Lintscher's, Hindennach's, Schmit's. — Relation p. 68. — Grüntliche Erzelung wegen der Donaw. Unruhen 1608 Aug. StA. 379/1. 34.

[4] Grüntliche erzelung etc. — Relatio in causa Thonawört. StA. 379/4. 31. — Hinsichtlich dieses und des bei andern Gelegenheiten genannten Ausschusses ist es mir bisher noch nicht gelungen, zu völliger Klarheit zu kommen. Es scheint, dass derselbe Name in drei verschiedenen Bedeutungen gebraucht wird: 1) zur Bezeichnung des gesetzlichen aus den Zunftmeistern gebildeten Ausschusses, der bei den Commissionen im October und November vor den Subdelegirten in Rain erscheint: 2) eines Ausschusses aus der ganzen Bürgerschaft, der von dieser während der Revolution nur für vorübergehende Zwecke gewählt wird; — so hier und bei der spätern heimlichen

zusammenfanden, die bisher schon den Ton angegeben hatten, vor allem Kaut, der Luckenwirth Thomas Mayr, Sebastian Hohenschilt, Melchior Maurer, ein alter unruhiger städtischer Notar, und manche andere. Die zogen jetzt aufs Rathhaus. Sie überhäuften den Rath mit Schmähungen und zwangen ihn, den Revers herauszugeben. Der Ausschuss. griff weiter in die Regierung ein. Er nahm dem Bürgermeister im Amt die Thorschlüssel ab, besetzte Mauern und Thore, bewachte den Stadtsyndicus, damit er nicht auch entfliehen könne, und zwang dem Bürgermeister Wurm und einem Abgeordneten des grössern Raths, die nach Neuburg wollten, um einen Beistand zu erbitten, einige Begleiter aus der Gemeinde zur Controlle auf.[1] Von Neuburg kamen Abgeordnete, stellten nothdürftig den Frieden wieder her und setzten zwei Schreiben, an den Kaiser und an den Herzog Max, auf, in denen Gehorsam gegen die kaiserlichen Mandate versprochen, aber Erlassung des dritten Punktes im Revers — Verhör und Auslieferung weiterer Schuldigen — verlangt wurde.[2]

Entlassung des Stadtschreibers und bei einigen andern Gelegenheiten; 3) für den dauernden revolutionären Club, der sich unter Kaut's Leitung vermuthlich schon seit dem April 1607 constituirt hatte. Die beiden letzten revolutionären Bildungen sind wahrscheinlich nur der Form, nicht den Personen nach verschieden. — Nach Angabe des Obervogts zog diesmal nicht der Ausschuss, sondern der grosse Rath aufs Rathhaus. (S. Anm. 1.)

[1] Aussagen Melchior Maurer's, Sebastian Hohenschilt's, Lorenz Zaglmair's etc. Donauwörth 1608 Jan. 10/13. RA. V. 56. — Relatio in causa Thonawört. — Der Pfleger zu Rain an Herzog Max 1607 Sept. 16. RA. II. 122. — Der Obervogt des Klosters zum h. Kreuz an Al. v. Haslang. Donaumünster 1607 Sept. 12. RA. II. 99.

[2] Bürgermeister und Rath zu Donauwörth an den Herzog Max 1607 Sept. 21. RA II. 289. — Dr. Zeschlin an Donauwörth.

Herzog Max war nicht abgeneigt, auf diese Bitte einzugehen, wenn er nur für die katholische Religion die verlangte Sicherheit erhielt, und man zu diesem Zweck ein die Katholiken vom Bürgerrecht ausschliessendes Rathsstatut, wovon er durch Schencks und Eckls Verhör Kenntniss hatte, aufhob.[1] Das Verlangen war offenbar im Religionsfrieden begründet und die nothwendige Grundlage zu der vom Kaiser befohlenen Religionsfreiheit der katholischen Bürger, darum auch berechtigt. Aber an dem Trotz und Uebermuth des in der Gemeinde zur Herrschaft gelangten, von Kaut geleiteten revolutionären Clubs, der schon seit der letzten Commission die Bürgerschaft in einem durch Wein und Waffenlärm genährten Taumel erhielt, scheiterten die Bemühungen seiner neuerdings nach Donauwörth geschickten Subdelegirten.[2] Mehrere Tage lang — vom 1. October an — verhandelten sie in Rain vergeblich mit Abgeordneten beider Räthe und dem aus den Zunftmeistern gebildeten gesetzlichen Ausschuss der Bürgerschaft, wobei sich diese gegenseitig die Schuld an den Tumulten gaben. Endlich liessen sie sich durch die Bitten der Donauwörther

---

Neuburg 1607 Sept. 17. RA VI. 153. — Bürgermeister und Rath zu Donauwörth an den Kaiser 1607 Sept. 16. Informatio Beil. 29.

[1] Instruction für Conrad v. Bemelberg, Dr. Jocher und Dr. Forstenhauser. München 1607 Sept. 29. RA II. 242. Vergl. Wolf II. 222 ff.

[2] Soldaten konnte man bei dieser Commission nicht brauchen. An die Stelle Haslang's und Bönikhausen's trat daher diesmal Conrad Freih. v. Bemelberg, ein vornehmer stolzer Herr und in Donauwörth als Pfleger von Wemding bekannt und angesehen. — Donauwörth. Relation, München 1607 Oct. 9. RA. II. 261. — Wolf II. 227 ff.

und den Rath einiger anwesenden Ulmer Gesandten bewegen, in die Stadt zu kommen. Hier aber wurden sie, wie sie irriger Weise glaubten, mit Absicht vom Rath geringschätzig behandelt, und von betrunkenen und fanatisch erhitzten Bürgern in ihrer Wohnung während der Nacht verhöhnt, so dass sie die Hoffnung, vielleicht auch den Muth verloren, die Unterhandlungen länger fortzusetzen und in aller Frühe (6. October) die Stadt verliessen. Wären sie geblieben, vielleicht wäre dem argen Rausch eine um so stärkere Ernüchterung gefolgt.

Die Ulmer und Neuburger Gesandten, die kurz danach anlangten, unterzogen sich wieder der Sisyphus-Arbeit, mit Gründen die Revolution zu beschwichtigen, brachten auch mit grosser Mühe einen Vergleich zwischen Rath und Gemeinde zu Stande, der aber nur dadurch möglich war, dass man dieser alles zugestand, was sie verlangte. Ein neuer Revers wurde aufgesetzt, in dem man Gehorsam gegen das erste kaiserliche Mandat, das jetzt zuerst der Gemeinde publicirt wurde, versprach, jedoch mit Vorbehalt aller Freiheiten und Rechte der Stadt und aller Stände, und nur auf so lange, bis man sich auf rechtlichem Weg von der Verpflichtung wieder frei gemacht.[1] — Die Gesandten dachten und sprachen es aus, man müsse den Streit bis zum Reichstag hinausziehen, wo sich weitere Hülfe finden sollte, und die Gemeinde erblickte seitdem in dem Reichstag ihr Palladium.[2] Sie identificirte ihre Sache mit dem allgemeinen

---

[1] Relatio in causa Thonawört. — Deprecationsschreiben an die kaiserl. Majestät. Donauwörth 1607 Oct. 8. Und neue Oblatio paritionis. Informatio Beil. 30 u 31. — Donauwörth an Herzog Max 1607 Oct. 8. RA II. 362.

[2] Donauwörth an den Markgrafen von Brandenburg 1607

Interesse der evangelischen Stände und hatte insofern Recht, als auch deren Politik seit langer Zeit es war, alle Streitigkeiten über den Religionsfrieden auf den Reichstag zu bringen, um dort nicht entschieden, sondern vertagt zu werden. Gegen die Urheber des ersten Reverses, die man jetzt als Verräther an der evangelischen Sache ansah und sogar der Bestechung durch den Abt beschuldigte, musste unter dem Druck der Gemeinde ein Process eingeleitet werden, der mit der Entsetzung und Verhaftung Asenheimers und des Stadtschreibers, der sich vor kurzem zurückgewagt hatte, endigte.[1] Auch Wurm wurde auf Khuens Anschuldigung hin für einige Zeit aus seinem Amt entfernt; warum man ihn bald darnach wieder in den Rath nahm, bleibt dunkel. An Khuens Stelle nahm man nach dem Willen der Gemeinde den Dr. Cleminius, ein Donauwörther Kind, aber in Neuburger Diensten und von dort empfohlen.[2] Soweit ermannte sich jedoch der Rath, dass er, ermuntert von Ulm, beschloss, die beiden Verhafteten, denen man keine specielle Schuld nachweisen konnte, freizulassen. Dabei begieng er aber die Thorheit, durch hinterlistiges Verfahren auf eine ehrliche Sache einen unehrlichen Schein zu wer-

---

Oct. 23. RA. Ante I. 316. — Der Markgraf von Ansbach an Donauwörth. Onolzbach 1607 Oct. 26. RA. VI. 56 — Ulm an Donauwörth 1607 Oct. 27. RA. VI. 90.

[1] Ulm an Donauwörth 1607 Oct. 13. RA. VI. 86. — Beck's Chron. f. 23)a. — Wurm, der trotzige stolze Mann, gerieth über seine Erniedrigung in solche Verzweiflung, dass man ihn vom Selbstmord zurückhalten musste.

[2] Gregor Silbermann an Bürgermeister Schmit und Herpfer zu Donauwörth. Neuburg 1607 Oct. 10. RA. Ante I. 301. — Aussage Lintscher's (Fr. 150) und Wurm's. — Relation von Ulrich Grosz.

fen.¹ Beide Räthe, — der grosse, der es nie zu selbständiger Action brachte, hielt sich seit der letzten Vermittlung der fremden Gesandten wieder zum kleinen, und dieser suchte seine eigene Stellung durch Zuziehung der Zwanziger zu verstärken, — versammelten sich am 1. November auf dem Rathhaus und beriefen gleichzeitig die Zünfte aufs Tanzhaus. Inzwischen entliessen sie den Stadtschreiber, der sich eilig davon machte. Dies gab das Signal zum neuen Ausbruch des Tumultes. Schon einige Tage zuvor hatte die Gemeinde wieder begonnen zu rebelliren, da ein Schreiben des Agenten in Prag mittheilte, dass der zweite Revers dem kaiserlichen Hof nicht genüge.² Dies zerstörte die Sicherheit, in die man sich eingewiegt hatte, und schien der Gemeinde Recht zu geben, dass nicht durch Scheingehorsam, sondern nur durch energischen Widerstand Erfolge zu erlangen seien. Jetzt bei der Nachricht von der Entlassung des Stadtschreibers wählte sie wieder einen Ausschuss. Dieser zog abermals zum Rathhaus, beschimpfte beide Räthe und sperrte sie den Tag und die ganze Nacht über dort ein.³ Gleichzeitig schickten Rath und Gemeinde Gesandte nach Neuburg und Stuttgart ab und baten um Hülfe. Kaum hatten Neuburger Gesandte wieder einmal die Eintracht

---

¹ Donauwörth an den Herzog von Würtemberg 1607 Nov. 1. RA. Ante I. 332. — Beck's Chron. f. 239 a. — Verschreibung Dr. Asenheimer's 1607 Nov. 2. RA. Ante I. 336. — Pfleger zu Rain an den Herzog Max. Rain 1607 Nov. 4. RA. II. 420. — Urgicht Georg Khuens. Augsburg 1607 Nov. 28. RA. III. 226.

² Christoph Günther an die Stadt Donauwörth. Prag 1607 Oct. 26. RA. Ante I. 330. — Der Pfalzgraf von Neuburg an Donauwörth 1607 Oct. 29. RA. Ante I. 330.

³ S. o. Anm. 1. — Aussagen Melchior Maurer's, Hohenschilt's u. s. w.

nothdürftig zusammengeflickt,[1] als (5. November) eine Citation die Feinde gemeinsam nach Rain berief und für den Fall des Ungehorsams die Acht ankündigte. Da begann die Furcht dem Uebermuth die Herrschaft zu bestreiten.[2]

Dass Herzog Max sich nicht mit dem zweiten Revers begnügen würde, hätten, wenn nicht die Donauwörther, doch ihre Beistände wissen müssen; auch war es ihnen darum weniger als um Zeitgewinn zu thun. Der Kaiser aber konnte sich dem bestimmten Verlangen des Herzogs Max,[3] den Donauwörthern entweder Bestätigung des ersten Reverses durch die Gemeinde und Cassation des die Katholiken ausschliessenden Rathstatuts aufzuerlegen, oder die Acht verkündigen zu lassen, nicht länger entziehen. Er gab dem Herzog Vollmacht für beide Eventualitäten[4] und schickte wieder, wie schon im September, den Herold mit den Achtsbriefen nach München. Doch hoffte man am kaiserlichen Hof noch, es werde nicht so weit kommen.[5]

---

[1] Beck's Chron. f. 239a.

[2] Die Subdelegirten an den Herzog Max. Rain 1607. Nov. RA. II. 484.

[3] Herzog Max an den Kaiser. München 1607 Oct. 9. RA. II. 365. Theilweise auch bei Wolf II. p. 230, bei dem aber durch Weglassen des Postscripts die Sache so erscheint, als habe der Herzog nur Publication der Acht verlangt, der Kaiser aber noch einmal den Weg der Güte gewünscht.

[4] Das Schreiben des Kaisers fehlt leider; sein Inhalt muss aus dem angeführten Schreiben des Herzogs, — der Instruction für v. Bemelberg, v. Haslang, Dr. Jocher und Dr. Forstenhauser, München 1607 Nov. 2. RA. II. 416, und der Relation p. 48 reconstruirt werden. Danach schloss es sich im wesentlichen an das Schreiben des Herzogs vom 9. Oct. an.

[5] Zettel aus Prag vom 13. Nov. 1607. RA. Ante I. 369.

Dem Herzog Max und seinen Subdelegirten muss man das Zeugniss geben, dass sie es an Bemühungen, diesem Wunsch entgegenzukommen, nicht fehlen liessen. Fünf Tage lang (vom 5. bis 9. November) verhandelten sie in Rain mit den Bevollmächtigten beider Räthe und der Zünfte.[1] Am dritten Tag brachte man dieselben zur Unterzeichnung des Reverses. Die beiden folgenden Tage vergiengen über den Versuchen der Commissäre, auch ihre Einwilligung in eine in der Form vielleicht unnöthig scharfe und selbst in der Sache anfechtbare Urkunde[2] zu erlangen, worin man den

---

[1] Die Subdelegirten an Herzog Max. Rain 1607 Nov. 5. RA. II. 434. — Dieselben an den Herzog Max. Rain 1607 Nov. 5. RA. II. 439. — Erster Revers unterzeichnet zu Rain 1607 Nov. 7. RA. III. 102. — Urkunde wegen Cassation des Donauwörther Statuts 1607 Nov. 8. Informatio Beil. 33. — Viepeck an den Herzog Max 1607 Nov. 5. (Wolf behauptet II. 232, seit Viepeck's Sendung nach Rain habe man sichtbar das Bestreben wahrnehmen können, den Donauwörthern die Gehorsamsleistung unmöglich zu machen. Die Sache verhält sich gerade umgekehrt. Viepeck hatte zwei Aufträge: 1. nachzusehen, ob des Herzogs Instruction auch in allem mit der kaiserlichen Vollmacht übereinstimme; 2. einige Mittel vorzuschlagen, wodurch man die Gemeinde eher zum Gehorsam bewegen könne. Vgl. auch Herzog Max an die Commissäre in Donauwörth. München 1607 Nov. 6. RA. II. 455. — Die Commissäre in Rain an den Herzog Max 1607 Nov. 8. RA. II. 462. — Relation von Ulrich Grosz. — Herzog Max an seine Commissäre München 1607 Nov. 9. RA. II. 465. — Relatio in causa Thonawört. (präs. Schwäb. Hall 1609 Mai 22.) — Aussagen Maurer's, Hohenschilt's etc. 1608 Jan. 10/13. — Die Commissäre in Rain an den Herzog Max 1607 Nov. 11. RA. II. 485. — Reservation der Stadt Donauwörth wegen Cassation des Statuts über Ausschliessung der Katholischen 1607 Nov 10. RA. III. 113. — Donauwörthische Relation. München 1607 Nov. 21. RA. III. 34. — Relation des kaiserlichen Notars 1607 Nov. 11. RA. III. 119. — Auss. Lintscher's.

[2] Anfechtbar war, dass man in einem Revers, der durch An-

Katholiken den Zutritt zum Bürgerrecht und den bürgerlichen Aemtern verbürgte, und zum grössern Beweis des Gehorsams die erste erledigte Rathsstelle einem Katholischen zu geben versprach. Es war natürlich, dass die Donauwörther sich diesem Verlangen länger widersetzten als dem ersten; sie erklärten dadurch ihr ganzes seitheriges Verfahren als ungesetzlich und strafbar, sagten sich los von ihren Freunden, den protestantischen Ständen, und setzten sich selbst persönlichen Gefahren bei ihrer Rückkehr nach Donauwörth aus. Doch gaben endlich alle nach; nur der Bürgermeister Wurm und Schmidt, ein ehrlicher, aber hartnäckiger und beschränkter Mann, bestanden darauf, dass man zuerst die Einwilligung der ganzen Bürgerschaft verlange. Die Subdelegirten gaben nach und liessen ausser jenen beiden nach und nach die sämmtlichen Abgeordneten in die Stadt gehen, um die Einwilligung zu holen. Am 10. November sollte die Urkunde zurückgebracht und zugleich einige als schuldig bezeichnete ausgeliefert werden. Als die Bürgerschaft hörte, was ihr Ausschuss bewilligt, brauste die Volksleidenschaft wieder in aller Heftigkeit auf; der Ausschuss war seines Lebens nicht sicher. Aber es waren ja darunter Leute aus der Gemeinde selbst; sie konnten erzählen, welche Mühen, flehentlichen Bitten und Thränen sie angewandt, um eine Milderung zu erlangen, konnten berichten, dass es Ernst war mit der Drohung, die Acht zu erklären; — da schwand allmählich bei den meisten der

---

drohung von Gewalt erzwungen wurde, sich das anscheinend freiwillige Versprechen geben liess, die nächste erledigte Rathsstelle einem Katholiken zu geben. Hierin lag eine Beschränkung der städtischen Rechte und Freiheiten, die nur nach einem neuen Process zulässig gewesen wäre.

Trotz vor der Furcht oder Besonnenheit; sie verliessen ihren bisherigen Führer Kaut, der vergebens in der Nacht vom 9. auf den 10. mit einer Schaar seiner entschiedensten Anhänger wie ein Löwe tobend umherzog, um die Bürger von Ergebung abzuschrecken. Eine Zunft nach der andern bewilligte in der Frühe des 10. die Forderungen der Subdelegirten.

Fast war man am Ziel, als der Neuburger Dr. Roth, den die Donauwörther jüngst nach Ulm geschickt hatten, von dort zurückkam. Er überbrachte ein Schreiben von einigen dort versammelten Ständen, worin die Gemeinde ermahnt wurde, nichts zu bewilligen, was gegen den Religionsfrieden und das gemeinsame Interesse der evangelischen Stände sei.[1] Er fügte mündlich kecke Worte hinzu: man solle sich nur in die Acht erklären lassen, die Stände würden ihnen schon wieder heraushelfen. Solchen Worten lauschte die Menge; jetzt war von demüthigem Gehorchen nicht mehr die Rede. Der Stadtschreiber musste den Commissären eine Erklärung überbringen, worin zwar von der Bereitwilligkeit zur Unterzeichnung der Urkunde gesprochen war, aber nur für diesmal und bis man beim Kaiser oder der Reichsversammlung Cassation oder Milderung erlange; zugleich protestirte man gegen jede die kaiserlichen Mandate überschreitende Zumuthung und behielt sich auch gegen diese den Weg Rechtens vor. Die Kunde hiervon gelangte alsbald durch den Obervogt des Klosters zu den Commissären. Nun war ihre Gnade erschöpft. Cleminius, der den

---

[1] S. oben p. 30. Anm. 1. Ausserdem Relation (Dr. Jocher's) p. 54, wo der Inhalt des Schreibens richtig angegeben scheint; ebenso wie der Inhalt von Dr. Roth's Worten. — Vgl. noch: Zum Examen der Donauwörther verordnete Räthe an den Herzog Max. München 1607 Dec. 11. RA. IV. 476.

Protest überbrachte, Asenheimer, der Stadtamman Hindennach mit seinen Einigern Lintscher und Kratzer, die sich allein von den vorgeladenen herauswagten, wurden sofort verhaftet. Am 12. November wurde in dem kleinen Dorfe Nordheim, eine Viertelstunde von der Stadt, die Acht unter den üblichen Feierlichkeiten durch den kaiserlichen Herold proclamirt. Die Commissare kehrten mit den Gefangenen nach München zurück; der Herold machte sich mit den Executorialien auf den Weg nach Ulm, Nördlingen und Neuburg.[1]

Und beruhte denn, müssen wir fragen, der wilde Trotz, mit dem die Donauwörther die zum letzten Mal dargebotene Hand der Gnade zurückgestossen hatten, auf etwas mehr als auf einer grossen Selbsttäuschung? Waren die protestantischen Stände gewillt, etwas für sie zu thun?

Wir haben von ihnen seit der Nördlinger und Stuttgarter Versammlung wenig mehr erfahren. Die Gesandten, die sich zu verschiedenen Malen in Donauwörth eingefunden hatten, trugen mehr den Charakter von Privatpersonen, und ihre Vermittlung war, wie wir sehen, von sehr zweifelhaftem Werth gewesen. Dass aber von den Ständen selbst nicht mehr die Rede war, ist nicht zufällig; sie hatten eben so viel wie nichts gethan. Sie beruhigten sich mit der Hoffnung, es werde trotz des scharfen kaiserlichen Schreibens nicht zur Publication und Execution der Acht kommen und die ganze Sache auf den Reichstag verschoben sein.[2] Hatten doch sogar die katholischen Stände und

---

[1] Relation Anton Peil's. München 1607. Nov. 26. RA.III. 277.
[2] S o. p 26. Anm. 2.

der kaiserliche Hof sich mit diesem Gedanken vertraut gemacht.[1] Die Stände gaben deshalb einen früher beabsichtigten Städteconvent auf,[2] der Pfalzgraf hatte Mühe, die schon zu Anfang nicht alle sehr eifrigen[3] Unterzeichner der Nördlinger Intercession zu einer neuen Versammlung zu bewegen, um dort das kaiserliche Schreiben zu beantworten. Von dieser Versammlung, die am 8. November in Ulm zusammenkam, und von der wir sonst nichts wissen, stammt das Schreiben her, das den Umschlag in Donauwörth hervorrief.[4] Es fehlte der Coalition jeder innere Halt, indem sie sich weder entschliessen konnte, mit Geuzkofler durch freundschaftliche Vermittlung und Warnung den Kaiser von dem Herzog Max zu trennen und die Donauwörther mit ihm zu versöhnen, noch mit dem Churpfälzer ihre Forderungen durch energische Drohungen zu unterstützen. So zerfiel jetzt die Coalition und damit des Pfalzgrafen Versuch, einen eigenen Bund zu gründen; die beiden in ihr enthaltenen Richtungen giengen eine jede nach der ihr homogenen Seite zu. Die Städte begannen sich unter einander wegen einer gleichen Haltung auf dem Reichstag zu

---

[1] Dr. Jocher an Joachim von Donrsperg. Dachau 1607. Oct. 2). RA. II. 400. — S. o. p. 29. Anm. 5. — Der Bischof von Regensburg an verschiedene geistliche Stände 1607 Oct. 22. Informatio Beil. 25.

[2] Ulm an Donauwörth 1607 Oct. 16. RA. VI. 88.

[3] Der Markgraf von Brandenburg an den Pfalzgrafen von Neuburg. RA. Ante I. 221.

[4] Der Pfalzgraf von Neuburg an Ulm 1607 Sept. 6. RA. VI. 139. — Der Pfalzgraf von Neuburg an Donauwörth 1607 Oct. 27. RA. Ante I. 325. — Ulm an Donauwörth 1607 Oct. 31. RA. VI. 94. — S. o. p. 32. Anm. 1.

verständigen[1] und zogen, sobald sie die Achtsbriefe erhielten, ihre Hand furchtsam von Donauwörth ab,[2] namentlich Ulm, wo man dem kaiserlichen Herold, hauptsächlich in Folge seiner eigenen Ungeschicklichkeit, aber auch nicht ohne Schuld des Ulmer Raths, mit wenig Ehrerbietung begegnet und deshalb für sich selbst besorgt war.[3] Bei den Fürsten aber tritt jetzt immer stärker eine Hinneigung zu Churpfalz hervor und die ersten Schritte in dieser Richtung finden schon gleichzeitig mit den letzten Versuchen selbständigen Handelns statt.

Der Pfalzgraf von Neuburg wandte sich wiederholt an den Kaiser, an den Herzog Max und an den Bischof von Augsburg, um Einstellung oder mindestens Aufschub der Execution zu erlangen.[4] Nach Prag gieng sogar eine eigene Gesandtschaft zu diesem Zweck. Er warf

---

[1] S. p. 34 Anm. 2. — Ulm an Strassburg, Nürnberg, Frankfurt 1607 Nov. 27. StA. 379/1. 203.

[2] Nürnberg an Donauwörth 1607 Nov. 14. RA. VI. 118. — Nördlingen an den Herzog Max 1607 Nov. 19. RA. III. 138. — Kundschaft aus Nördlingen 1607 Nov. 20. RA. post XVII. T 1. — Der Markgraf von Ansbach an den Churfürsten von der Pfalz. Onolzbach 1607 Dec. 21 StA. 379/1. 498. — Ulm an den Herzog Max 1607 Dec. 24. RA. IV. 411.

[3] S. o. p. 33. Anm. 1. — Erfahrung, was dem Herold zu Ulm begegnet. Ulm 1607 Nov 18. RA. III 265. — Ulm an den Herzog Max 1607 Nov. 19. RA. III. 254 — Ulm an den Herzog von Würtemb. 1607 Nov. 26. RA. VI. 106. — ‚v. Neuhaus und v. Westernacher an den Kaiser 1607 Dec. 20. RA. IV. 212. — v. Hemelberg an den Herzog Max. Wemding 1607 Nov 30. RA. III. 365. — Wilhelm Bodenius an den Herzog Max. Prag 1607 Dec. 1 RA. III. 409.

[4] Der Pfalzgraf von Neuburg an den Bischof von Augsburg 1607 Nov. 15. RA. III. 345. — Der Pfalzgraf von Neuburg an den Kaiser 1607 Nov. 15. RA. III. 411. — Der Pfalzgraf von Neuburg an den Herzog Max 1607 Nov. 29. RA. III. 402.

in den Dörfern Berg und Zirgesheim, in unmittelbarer Nähe von Donauwörth, Schanzen auf und legte einige Fähnlein Soldaten hinein, deren Bestimmung jedoch rein defensiver Art war. Dann liess er sich von den Bewohnern von Zirgesheim, wo Einkünfte und niedere Gerichtsbarkeit der Stadt Donauwörth, die Landeshoheit dem Pfalzgrafen gehörte, Huldigung leisten und belegte die städtischen Einkünfte mit Beschlag.[1] Seine Motive bei diesen theilweise demonstrativen Massregeln waren nicht ganz rein: der gefügige Nachbar Donauwörth war ihm lieber als der mächtige Herzog; doch meinte er es ehrlich mit der Stadt und wollte ihr durch die Beschlagnahme ihrer Einkünfte keinen Schaden zufügen. Seine Bemühungen waren vergeblich. Der Kaiser mahnte ihn durch Uebersendung der Achtsbriefe und ein eigenes Handschreiben von jeder Unterstützung der Aechter ab,[2] und von dem Herzog Max erlangte er nur eine Caution gegen Beschädigungen seines eigenen Landes und seiner Unterthanen.[3] Seitdem wird die Anlehnung an Churpfalz

---

[1] v. Bemelberg an den Herzog Max. Wemding 1607 Dec. 9. RA. III. 611. Nach Einnahme der Stadt knüpft sich hieran eine unerquickliche Correspondenz zwischen dem Herzog von Baiern und dem Pfalzgrafen von Neuburg, die ihre Lösung erst mit der Immission des Herzogs in die Stadt findet.

[2] Executoriales. Prag 1607 Nov. 19. RA. III. 415. — Der Kaiser an den Pfalzgrafen von Neuburg. Prag 1607 Nov. 19. RA. III. 425 — W. Bodenius an den Herzog Max. Prag 1607 Dez. 1. RA. III. 409. — Kaiserlicher Bescheid für die Neuburger Gesandten. Prag 1607 Dec. 5. RA. III. 487.

[3] Herzog Max an den Pfalzgrafen von Neuburg. München 1607 Nov. 17. RA. II. 521. — Joachim v. Donrsperg an den Herzog Max. Neuburg 1607 Nov. 27. RA. III. 196. — Bescheid des Pfalzgrafen von Neuburg für Donrsperg. Neuburg 1607 Nov. 27. RA. III. 188. — Instruction für v. Donrsperg nebst Caution. München 1607 Nov. 23. RA. III. 176.

immer stärker, namentlich von Seiten des jungen Herzogs Wolfgang Wilhelm.[1] Wie weit Motive anderer Art mitwirkten, können wir nicht angeben; doch war das Misslingen der eigenen Politik in der Donauwörther Sache gewiss nicht das geringste. Es gieng dem Pfalzgrafen wie es in erregten Zeiten den Mittelparteien zu gehen pflegt: sie werden gelähmt durch die grössere Consequenz und Energie der Parteien mit entschiedener Tendenz und schliesslich genöthigt, sich einer von ihnen anzuschliessen.

Auch der Herzog von Würtemberg versuchte noch einmal seinen eigenen Weg zu gehen, indem er wieder den Schwäbischen Kreis gegen den Herzog von Baiern aufrief; — und weil der Kaiser ihm Parteinahme vorgeworfen hatte, diesmal eine allgemeine Kreisversammlung veranstalten wollte. Aber die katholischen Stände wussten so gut wie er selbst, dass unter dem Namen einer allgemeinen Kreissache theils Partei-, theils selbstsüchtige Zwecke verfolgt wurden. Darum weigerte sich der mitausschreibende Kreisfürst, der Bischof von Constanz, der Berufung eines Tags

---

[1] Pfalzgraf Wolgang Wilhelm reiste kurz nach der Achtserklärung als Gesandter zu einigen protestantischen Ständen, wahrscheinlich den süddeutschen lutherischen Fürsten. Bei dieser Gelegenheit besuchte er auch Geuzkofler. Ob es sich dabei bereits um einen Anschluss an den Churfürsten von der Pfalz oder um ein besonderes Bündniss der lutherischen Fürsten handelte, ist mir nicht bekannt. Nach Heidelberg kam er damals nicht, wohl aber, vielleicht um dieselbe Zeit, ein anderer Gesandter des Pfalzgrafen. — Forstenhauser an den Herzog Max. Rain 1607 Nov. 18. RA. III. 145. — Geuzkofler an den Pfalzgrafen von Neuburg. Haunsheim 1607 Nov. 22. StA. 338/26. 96. — Der Churfürst von der Pfalz an den Markgrafen von Ansbach. Heidelberg 1607 Nov. 18. StA. 379/1. 82. — v. Bemelberg an den Herzog Max. Wemding 1607 Nov. 30. RA. III. 365.

sich anzuschliessen;[1] und da es der Herzog wagte, im Widerspruch mit der Reichsverfassung, zu deren Vertheidiger er sich aufgeworfen hatte, für sich allein die Ausschreiben, nach Ulm auf den 16. December, ergehen zu lassen, erschien zu des Herzogs grossem Verdruss von den katholischen Ständen niemand; — zu noch grösserem blieben selbst manche protestantische, darunter der Markgraf von Baden, weg.[2] Statt dessen kamen kaiserliche Commissare und warnten vor jedem Eingriff in die kaiserlichen Urtheile und vor Verletzung der Reichsgesetze;[3] und da man eben berathen wollte, wie die Execution gegen Donauwörth zu verhindern sei, kam die Nachricht von der bereits erfolgten Einnahme der Stadt. So beschränkte man sich denn darauf, in Schreiben an den Kaiser und den Herzog Max mehr zu bitten als zu protestiren, dass man nichts zum Nachtheil des Schwäbischen Kreises oder der Freiheiten von Donauwörth vornehme.[4] Wichtiger war, dass man sich

---

[1] Der Bischof von Constanz an den Herzog von Würtemberg. Mörsburg 1607 Nov. 25. RA. III. 459. — Der Bischof von Augsburg an Dr. Rot. Dillingen 1607 Dec. 6. RA. III. 478. — Der Bischof von Augsburg an den Herzog von Würtemberg. Dillingen 1607 Dec. 7. RA. III. 503.

[2] Der Herzog von Würtemberg an den Markgrafen von Baden. Stuttgart 1607 Dec. 16. StA. 338/26. 139.

[3] Der Kaiser an die Schwäbischen Kreisstände. Prag 1607 Dec. 13. RA. III. 466.

[4] Die Schwäbischen Kreisstände an v. Westernach und v. Neuhausen. Ulm 1607 Dec. 19. StA. 379/1. 470. — Abschied des Kreistags. Ulm 1607 Dec. 21. StA. 379/1. 528. — Max Welser an den Herzog Max. Augsburg 1607 Dec. 29. RA. IV. 409. — Gesandte der Schwäbischen Kreisstände an den Herzog Max. Ulm 1607 Dec. 21. RA. III. 622.

ein Zusammenstehen auf dem Reichstag versprach und dazu auch andere protestantische Stände, besonders Churpfalz, aufforderte.[1]

Wenn in Donauwörth schon vor der Achtserklärung der Magistrat sich dem Willen des von Kaut geleiteten Klubs hatte fügen müssen, so war er jetzt, da seine bisherigen Häupter sämmtlich in München gefangen sassen, ihm gegenüber fast machtlos.[2] Bürgermeister Herpfer, ein frommer und milder Greis, der kummervoll das Verderben über seine Vaterstadt durch eigene Schuld hereinbrechen sah, legte sein Amt nieder. Karl Kammerer und Hans Lang versahen seitdem seine Stelle.[3] Mit den Trümmern des kleinen Raths vereinigte sich der grosso; beide waren jetzt darüber einig, mochten auch Einzelne im Augenblick der Erregung gegen Nachgiebigkeit gestimmt haben, dass etwas geschehen müsse, um den Herzog von Baiern mindestens zum Aufschub der Execution zu bewegen. Des-

---

[1] Die Schwäbischen Kreisstände an den Churfürsten von der Pfalz. Ulm 1607 Dec. 21. StA. 379/1. 494. — Der Herzog von Würtemberg an den Churfürsten von der Pfalz. Kirchheim 1607 Dec. 28. StA. 379/1. 557.

[2] Die ausführlichsten und besten Nachrichten über die innern Zustände Donauwörths von der Publication der Acht an bis zur Einnahme der Stadt enthält die Relation von Ulrich Grosz, Apotheker und Mitglied des grossen Raths. S. oben p. 23. Anm. 2. Nur tritt die Eitelkeit des Verfassers zu sehr hervor.

[3] Aussagen Melchior Maurer's. Hohenschilt's et. — Donauw. Relation. München 1607 Nov. 21. — Aussage Wurm's (Fr. 29). — Herpfer gehörte einer alten Patricierfamilie an, die noch immer zahlreich, aber nicht mehr sehr vermögend war. Sie waren Inhaber des kaiserlichen Fronfischlehens in Donauwörth. Beck's Chron. f. 49 a. 94 b. 97 b. — Urkunde der Herpfer über ihre Gehorsamsleistung. Nordheim 1607 November 12. RA. III. 124.

halb fertigten sie eine Gehorsamkeitserklärung aus und sandten sie zur Begutachtung nach Ansbach, Neuburg, Ulm und Stuttgart, mit der Bitte um Unterstützung durch Intercessionen und um Zuordnung eines Advocaten. Aber dort so wenig wie in Nürnberg, Nördlingen und Oettingen war man geneigt, sich für Donauwörth Unannehmlichkeiten auszusetzen.[1] So vergieng der November, ohne dass etwas geschah. Indess schickte auch der Klub seine Boten aus und verlangte Hülfe, aber man wies ihn dem Recht gemäss überall mit Entschiedenheit zur Ruhe und zum Gehorsam gegen die Obrigkeit.[2] Trotzdem scheint das Vertrauen der Gemeinde auf Unterstützung von Seiten der protestantischen Stände nicht geschwunden zu sein.[3]

Während von aussen her die Stadt immer mehr isolirt wurde, bildete der Klub im Innern seine Macht zur förmlichen Herrschaft aus, wenn er auch den beiden Räthen dem Namen nach die Regierung liess. Auf sein Andringen musste der Magistrat zwei von Kant bezeichnete Soldaten anwerben. Diese musterten die Bürgerschaft, bewaffneten die armen Bürger aus dem Zeughaus, machten zwei Fähnlein und liessen sie schwören. Wiederum nach seinem Willen wurden einige jenseits der Donau gelegene Häuser abgebrochen, damit die Baiern bei einer Belagerung der Stadt dahinter keinen Schutz fänden.[4]

---

[1] Ulrich Grosz Relation. — Der Kanzler zu Neuburg an Donauwörth 1607 Nov. 20. RA. VI. 145. — Ulm an den Herzog von Würtemberg 1607 Nov. 26. RA. VI. 106.

[2] Aussagen Maurer's etc. S. o. p. 39. Anm. 3.

[3] Dr. Forstenhauser an den Herzog Max. Hain 1607 Nov. 19. RA. III. 148.

[4] Commissare in Donauwörth an den Herzog Max 1608 Jan. 15/16. RA V. 42.

Das Kloster wurde scharf bewacht. Die Bürger zeigten im Exerciren, Schiessen und Wachehalten grossen Eifer.[1] Eine Zeit lang schien Alles einig. Erst als der Rath der Bürgerschaft die Nothwendigkeit vorstellte, sich bei dem Herzog von Baiern zu entschuldigen und um Aufschub der Execution zu bitten, trat der Zwiespalt wieder hervor. Mehrere Tage lang verhandelte der Rath vergeblich mit den Zünften.[2] Sie hofften mehr von der Unterstützung der protestantischen Stände; an diese wollten sie schreiben. Endlich gaben sie, trotz Kauts und seiner eifrigsten Anhänger Widerstreben, zunächst zu, dass man durch Mittelspersonen sich an den Herzog wende, dann auch (am 4. December), dass man an diesen selbst schreibe, nur musste der Apotheker, der Verfasser der Briefe, die Worte „vollkommnen und schuldigen" Gehorsam mit „gebührendem" Gehorsam vertauschen. Zu der Rädelsführer grösstem Aerger baten Schaaren von Weibern, namentlich die Frauen der Gefangenen, sogar die Mönche um ihre Vermittlung.[3] Von grösserer Wichtigkeit aber war, dass in den langen Ver-

---

[1] Viepeck an den Herzog Max Rain 1607 Nov. 14. RA. III. 1. Beck bei Königsdorfer p. 311 ff.

[2] Relation von Ulrich Grosz. — Beck bei Königsdorfer p. 317. — Erklärungen der Zünfte. Donauwörth 1607 Nov. 29. RA. Ante I 417. — Donauwörth an Dr. Ulrich Glaner 1607 Nov. 30. RA. III. 606. — F. Georg Beck an Ulrich Strele. Donauwörth 1607 Dec. 4. (?) RA. IV. 219. — Entschuldigungsschreiben der Donauwörther an den Herzog von Baiern 1607 Dec. 4. Informatio Beil. 36. (Die Informatio gibt den 1. Dec an. Vergl aber dasselbe Schreiben. RA. III. 389.) — Dr. Forstenhauser an den Herzog Max. Rain 1607 Dec. 1. RA. III. 143. — Aussage Michael Moleto's 1607 Dec. 5. RA. III. 530.

[3] Georg Beck an Dr. Glaner. Donauwörth 1607 Dec. 1. RA. III. 609.

handlungen, während deren man von den Rüstungen des Herzogs von Baiern und der Gleichgültigkeit der protestantischen Stände hörte,[1] auch der beschränkteste zur Einsicht kommen konnte, dass nur die Verzweiflung noch an Widerstand denken könne. Kaut war in den Verhandlungen entgegen; ein Zeichen, dass die Partei, die auf Gnade hoffte, sich ermannte. Aber Kaut und die mit ihm Verschworenen, meist verdorbene Leute oder allzu stark compromittirte, wurden in Folge dessen nur um so wilder.[2] Es kam in diesen Tagen fast zu Schlägereien zwischen beiden Parteien. Die Soldaten mussten abwehren. Vor allem aber brach der Rath jetzt, als man sichere Nachrichten erhielt, dass der Anzug der Baiern bevorstehe und von den protestantischen Ständen keine Hülfe zu erwarten sei,[3] offen mit den Rebellen und versammelte sich lieber gar nicht mehr, als dass er sich von ihnen zwingen liess, sich mit ihnen zu

---

[1] v. Bemelberg an den Herzog Max. Wemding 1607 Nov. 30. RA. III. 365. Erklärungen der Zünfte. S. p. 41 A. 2.

[2] Auch jetzt hielt wieder die Krämerzunft, der Kaut angehörte, am entschiedensten zu ihm. Ob dabei noch ein anderer Grund als sein persönlicher Einfluss mitwirkte, weiss ich nicht. Den Beweis, dass die meisten Rädelsführer verdorbene Leute waren, liefert das Inventar über das Vermögen der Donauwörther Rebellen. RA. XVII. Die eigentlichen Demagogen scheinen Prunner (gen. Kaut) und Melchior Maurer zu sein; religiöse Fanatiker vor allen Bastl Hohenschilt, Kaspar Krentzl und der Luckenwirth. Doch tritt dies Moment fast bei allen stark hervor. Die meisten werden erst 1627, als Zwang gedroht wird, katholisch. v. Dandorf an den Churfürsten Max. Donauwörth 1627 Febr. 23. RA. Donauwörth de ao. 1518 (1630 106). Hans Buecher und Philipp Ehinger gehörten alten Familien an. Beck's Chronik f. 49 a. 97 b. 181 b. Vielleicht auch Thomas Mayr a. a. O.

[3] Dr. Forstenhauser an den Herzog Max. Rain 1607 Dec. 13. RA. IV. 7.

verschwören, mit einander zu leben und zu sterben. Kaut berief jetzt im Namen des Raths die Zünfte, um sie zu einem solchen Schwur zu bringen; aber vom Rath gewarnt erschien fast niemand.[1] Dies geschah am 16. December, als die bairischen Truppen schon in Rain angekommen waren.

Der Herzog hatte, schon ehe er vom Kaiser zur Vollziehung oder Execution ermächtiget worden war, Hals über Kopf gerüstet.[2] Er fürchtete, wenn es ihm nicht gelang, vor dem Reichstag in den Besitz der Stadt zu kommen, werde man seine Absicht ganz vereiteln. Die Knechte waren noch nicht bezahlt, die Rotten nicht gemacht, manche neugeworbene nicht gemustert, als im schlechtesten Wetter der Aufbruch von München begann (8. December). Das Executionscorps,[3] befehligt von den Obersten Haslang und Bönikhausen, war auffallend stark: 20 Fähnlein Infanterie mit 6000 Mann, 6 Compagnien Cavallerie, fast 600 Mann, 12 Stück Geschütze, 2 Böller, ausserdem eine Menge Transportmittel und Belagerungszeug. Die geworbenen Knechte wurden unter das an Zahl wenig stärkere Landvolk gesteckt.

---

[1] Dr. Forstenbauser an den Herzog Max. Rain 1607 Dec. 11. RA. III. 588.

[2] Der Herzog Max an Viepeck. München 1607 Nov. 12. RA. II. 489 — Herzog Max an den Kaiser München 1607 Nov. 13. RA. II. 506. — Herzog Max an den Kaiser. München 1607 Nov. 18. RA. II. 520. — Der Kaiser an den Herzog Max. Prag 1607 Nov. 19. RA. III. 428.

[3] Instruction für v. Haslang bei Wolf II. 245. — Summarische Relation über Einnahme der Stadt Donauwörth 1607. RA. IV. 30. — Verzeichniss der Knechte und des Landvolks. RA. post XVII T. III. — Verzeichniss der obersten Hauptleute. RA. III. 514. — v. Haslang an den Herzog Max. Aichach 1607 Dec. 13. RA. III. 587. — Decret des Herzogs Max wegen der Besoldung. RA. post XVII. T. 1.

Der Grund, dass man das Executionscorps so stark machte, mag ein doppelter gewesen sein. Zunächst befürchtete der Herzog noch immer die bewaffnete Unterstützung Donauwörths von Seiten der protestantischen Stände.[1] In dieser Befürchtung bestärkten ihn die Rüstungen des Pfalzgrafen und irrige Angaben der Donauwörther Gefangenen über das Ulmer Schreiben; dieses selbst hatte Cleminius im ersten Schreck zerrissen. Dann aber betrachtete er die ganze Unternehmung als eine Selbstprüfung seiner Kräfte. Es gibt fast keinen von seinen Räthen, der nicht bei den verschiedenen Commissionen vor und nach der Execution zur Abgabe von Gutachten ein- oder mehrmals verwendet worden wäre; sie wie sein Landvolk[2] sollten eine Probe ihrer Leistungsfähigkeit für ernstere Fälle ablegen.

Auf Haslangs Aufforderung zur Uebergabe der Stadt geriethen die Bürger in die grösste Verwirrung. Weiber und Kinder wurden geflüchtet; die Rebellen sammelten sich und liefen mit fliegender Fahne dem Donauthor zu; der Rath sandte hinaus und bat um Bedenkzeit. Nur zwei Stunden wurden ihm bewilligt. Während dieser erklärten sich die Zünfte bereit, die Stadt gegen gewisse Bedingungen zu übergeben, und der Oberst genehmigte dieselben. Es waren folgende: persönliche Sicherheit der Einwohner, Schutz von Hab und Gut, rechtliches und billiges Verfahren gegen die Schuldigen, Gnade für die zwei Soldaten. Betreffs der Religion erwiderte Haslang, weder habe er Befehl noch gebühre ihm Aenderungen darin vorzunehmen als in einer

---

[1] S. o p. 43. A. 3. — Der Herzog Max an v. Haslang. München 1607 Dec. 15. RA. IV. 11.

[2] Gutachten, ob Herzog Max sich an die Spitze der Executionsarmee stellen solle. Bei Wolf II. 244.

Reichsstadt. Während der Verhandlung hierüber hatten in der Stadt die Rebellen noch einmal die Oberhand erlangt, die sie benutzten, um ihre Flucht vorzubereiten. Als der Oberst jetzt seinen Einzug halten wollte, verweigerte man die Oeffnung der Thore. Er musste umkehren, entschlossen Gewalt zu gebrauchen. Aber am folgenden Morgen (17. December), nachdem die Rädelsführer und mit ihnen die drei Prädicanten und viele unschuldige Männer, Weiber und Kinder geflüchtet waren, bot die Stadt von neuem ihre Ergebung an, und der Oberst verzieh den unverschuldeten Wortbruch, da man ihm knieend die Schlüssel der Stadt überreichte, und bestätigte die gestrigen Bedingungen. Dreihundert Reiter und zwei Fähnlein Knechte besetzten die Stadt, mit angstvoller Spannung von der Bürgerschaft empfangen.[1]

---

[1] Ueber die Einnahme der Stadt gibt die besten Nachrichten Ulrich Grosz. — v. Haslang und v. Böninkhausen an den Herzog Max. Nordheim 1607 Dec. 16. RA. IV. 25. — Commissare zu Donauwörth an den Herzog Max. Donauwörth 1607 Dec. 17. RA. IV. 152. — Beck bei Königsdorfer p. 318. — Examen aller Zünfte, ob und wohin sie geflohen. Donauwörth 1608 Jan. 16/23. RA. V. 222. — Examen aller Zünfte, ob und wohin sie geflohen. 1608 Jan. 16/21. RA. — M. Kircher und M. Freimann, Prädicanten zu Donauwörth, an den Pfalzgrafen von Neuburg 1607 Dec. 27. RA. VI. 184. (Dieses Schreiben bildet die Grundlage ihrer 1608 in Leipzig gedruckten Rechtfertigungsschrift.)

III.

Freund und Feind war durch die eilige Execution der Acht überrascht. Schon im Process gegen Donauwörth hatte man vielfach ohne Wahrung der herkömmlichen Formen verfahren; die Achtserklärung ohne Befragung der Churfürsten und die Uebertragung der Execution an einen dem Kreise fremden Stand war zwar nicht ungesetzlich, doch ungewöhnlich. Nun nahm man gleichsam im Angesicht des Reichstags, wie zum Trotz, eine Stadt mit Waffengewalt ein, deren Sache die protestantischen Stände als eine ihnen gemeinsame bezeichnet und offen vertheidigt hatten. Ueberrascht war zunächst der kaiserliche Hof selbst. Zwar hatte er die Vollziehung der Execution genehmigt, — man konnte nicht wohl anders, da man einmal die Acht hatte publiciren lassen, und da der Herzog von Baiern nur gethan hatte, wozu ihn die kaiserlichen Befehle bevollmächtigten, aber man wünschte wenigstens, dass es nicht vor dem Reichstag dazu komme, damit dem Kaiser daraus keine Schwierigkeiten in Sachen der Contribution erwüchsen,[1] und vor allem war inzwischen Geuzkoflers Saat des Misstrauens gegen die Absichten des Herzogs Max aufgegangen.[2] Der Gedanke, er habe es nur auf die Gewinnung dieser Stadt

---

[1] Der Kaiser an den Herzog Max 1607 Nov 19. RA. III. 428. -- Der Pfalzgraf von Neuburg an den Herzog Max. 1607 Nov. 29. RA. III. 402.

[2] Wilhelm Bodenius an den Herzog Max. Prag 1607 Nov. 26. StA. 485/5. — Hannewaldt an den Herzog Max. (S. o. p. 19. A. 3.)

als eines Schlüssels zu Schwaben[1] abgesehen, lag bei der Hast, mit der er verfuhr, nur um so näher. Auch in Regensburg hatte Geuzkofler nicht gefeiert. Die kaiserlichen geheimen Räthe waren in offenem Zwist unter einander; die einen erklärten sich entschieden, selbst leidenschaftlich gegen Donauwörth, andere nahmen Partei für die Stadt, eine dritte Gruppe endlich schwankte zwischen beiden Extremen.[2] Allen aber war es darum zu thun, von dem Herzog die Versicherung zu erhalten, dass er nicht die Stadt zu behalten beabsichtige und keine gewaltsame Aenderung der Religion vornehmen wolle.[3] Ueberrascht waren aber auch wenigstens theilweise die katholischen Stände: die einen aus natürlicher Zaghaftigkeit und Scheu vor jedem gewagten Schritt, wie der stets diplomatisirende Churfürst von Mainz; andere, obwohl auf des Herzogs Seite, weil sie sich eher auf einen Wortstreit über die Sache auf dem Reichstag gefasst gemacht hatten.[4] Leider sind unsere

[1] Gutachten Dr. Jocher's wegen der Religion etc. 2ª Quaestio (S. o. p. 10. A. 1.)

[2] S. o. p 46. Anm. 2. — Christoph v. Beulwiz an den Churfürsten von der Pfalz. Prag 1607 Dec. 6. StA. 379/1. 316. — Informatio p. 343. — Näheres, namentlich über die Persönlichkeiten, welche diese drei Richtungen vertraten, lässt sich bei der Dürftigkeit unserer Nachrichten nicht angeben: — und ein Rückschluss aus dem folgenden Jahre auch auf sie ist bei den eigenthümlichen Verhältnissen des Prager Hofs nicht statthaft.

[3] Dr. Jocher an den Herzog Max. Regensburg 1608. Febr. 10. RA. VI. 241. — Dr. Jocher an den Herzog Max. Regensburg 1608 Febr. 16 RA. VI 317. — Erzherzog Ferdinand an den Herzog Max. Regensburg 1608 Jan. 5. RA. IV. 531.

[4] Der Churfürst von der Pfalz an den Churfürsten von Mainz. Heidelberg 1607 Dec. 11. StA 379/1. 529. — Wie Mainz dachte ungefähr auch der Churfürst von Sachsen. Ueber beider An-

Nachrichten hierüber sehr dürftig und müssen wir uns grossentheils auf Vermuthungen beschränken.

Ueberrascht aber waren vor allem die protestantischen Stände. Zwar wussten sie, dass der Herzog rüste, und er selbst hatte ihnen gegenüber seine Absicht nicht verhehlt; — aber wer glaubt gern was er fürchtet. Nur der Churfürst von der Pfalz hatte keinen Grund zur Unzufriedenheit; ihm fiel jetzt die reife Frucht mühelos zu. Von nun an nimmt er die Donauwörther Sache in die Hand, aber diese selbst wird damit eine andere. Bisher hatte sie, wiewohl manche Sonderinteressen mit unterliefen, doch im ganzen ihren religiösen Charakter bewahrt, die Stadt selbst sich als Kämpferin für den evangelischen Glauben betrachtet. In religiösem Interesse war sie von andern Ständen unterstützt worden. Jetzt ändert sich das. Wer die Unterstützung des Churpfälzers verlangte, musste sich seinen viel weitergehenden Plänen unterordnen; die Donauwörther Irrung erscheint seitdem nur als ein Mittel zur Erreichung seiner Zwecke.

Die Neigung zu einer Verständigung mit Churpfalz war bei den meisten lutherischen Fürsten Süddeutschlands längst vorhanden.[1] Nur der Pfalzgraf von Neuburg hatte bisher widerstrebt. Religiöse Motive mögen hauptsächlich die Ursache

---

sicht von der Execution vgl. Häberlin (v. Senckenberg) Neuere teutsche Reichsgesch. Bd. 23 p. 187 ff. — Der Herzog Max an Andreas Hanewaldt. München 1607 Dec. 31. (in sim. an Erzherzog Ferdinand und Dr. Rot) RA. IV. 428.

[1] Der Markgraf von Ansbach und der Markgraf von Baden hatten bereits an dem Heilbronner Bund von 1594 Theil genommen. Dass auch der Herzog von Würtemberg die Einigung mit dem Churfürsten schon länger wünschte, erfahren wir durch das Protokoll einer Neuburger Hofrathssitzung 1607 Decemb. 25. StA. 338, 26. 129.

gewesen sein. Wie es scheint, hatte man den Churfürsten, gerade weil man die Sache Donauwörths als eine religiöse betrachtete, bisher ganz aus dem Spiele gelassen und nur gelegentlich waren Mittheilungen über sie an den Heidelberger Hof gelangt.[1] Erst nachdem die Acht ausgesprochen und die Fürsten für sich selbst besorgt geworden waren, erhielt der Churfürst officielle Nachricht von der Bedrängniss Donauwörths. Der Pfalzgraf von Neuburg schickte ihm die Acten;[2] ein Gesandter des Herzogs von Würtemberg, schon wegen der Union geschickt, machte ebenfalls Mittheilungen und beschwerte sich im Namen seines Herrn bitter über die Verletzung seines angeblichen Rechtes als Schwäbischer Kreisoberst. Eine solche Lächerlichkeit belohnte man freilich in Heidelberg mit dem verdienten Spott, aber zu einer näheren Verständigung war man sehr bereit und gab dem Gesandten bereits Unionsartikel mit.[3] Dem besorgten Pfalzgrafen, der kraft der Erbeinigung um Unterstützung bat für den Fall eines Angriffs, sagte man sie gerne zu, verlangte aber das gleiche, wenn der Churfürst seiner christlichen Religion

---

[1] Durch einen Gesandten des Pfalzgrafen von Neuburg, wir wissen nicht, bei welcher Gelegenheit. Der Churfürst von der Pfalz an den Markgrafen von Ansbach Heidelberg 1607 Nov. 18. StA. 379/1. 82.

[2] Der Pfalzgraf von Neuburg an den Churfürsten von der Pfalz 1607 Nov. 26. StA. 379/1. 87. — Der Markgraf von Ansbach an den Churfürsten von der Pfalz. Ahausen 1607 Nov. 13. StA. 369/1. 73.

[3] Der Herzog von Würtemberg an den Churfürsten von der Pfalz. Stuttgart 1607 Dec. 15. StA. 379/1. 438. — Metternich an den Herzog Max. Speier 1607 Dec. 3. RA IV. 177. — S. p. 50. Anm. 1.

oder anderer Ursachen wegen angegriffen würde.[1] Der Plan des Churfürsten stand fest:[2] mittelst der Donauwörther Sache dachte er zunächst die lutherischen Fürsten Süddeutschlands, die sich bisher noch von einem Bund mit ihm zurückgehalten hatten, zu gewinnen; diese sollten dann die Vermittler machen, um die wegen Donauwörth noch mehr erregten Städte und jene Fürsten, wie Chursachsen, mit denen Churpfalz seiner religiösen wie politischen Stellung wegen nicht auf dem besten Fusse stand, heranzuziehen. Hatte man dann die sämmtlichen evangelischen Stände vereinigt, den Kaiser aber und die furchtsamen geistlichen Fürsten durch die Drohung mit einer Verweigerung der Contribution oder gänzlicher Zerschlagung des Reichstags erschreckt und zur Nachgiebigkeit gestimmt, so konnte es nicht schwer sein, auf dem Reichstag die von Churpfalz aufgestellten Forderungen, vor

---

[1] Der Pfalzgraf von Neuburg an den Churfürsten von der Pfalz 1607 Nov. 30. StA. 379/1. 284. — Der Churfürst von der Pfalz an den Pfalzgrafen von Neuburg. Heidelberg 1607 Dec. 17. StA. 379/1. 463.

[2] Der Churfürst von der Pfalz an den Churfürsten von Mainz Heidelberg 1607 Dec 11. StA. 379/1. 329. — S. die vorige Anm. und p. 49. Anm. 1. — Der Churfürst von der Pfalz an den Fürsten Christian von Anhalt. Heidelberg 1607 Dec. 11. (in sim an den Markgrafen Christian von Brandenburg, an Landgraf Moriz von Hessen, an den Churfürsten von Brandenburg, an den Markgrafen von Ansbach und den Markgrafen von Baden.) StA. 379/1. 330. — Der Churfürst von der Pfalz an den Churfürsten von Brandenburg, an den Herzog von Würtemberg, die Markgrafen von Ansbach und Culmbach, den Pfalzgrafen von Neuburg etc. Heidelberg 1608 Jan. 1. 379/1. 582. — Dr. Aurpach an den Herzog Max. Regensburg 1608 Jan. 2. RA. IV. 447. — Vgl. auch: Fürst Christian von Anhalt an den Pfalzgrafen von Neuburg. Amberg 1608 Dec. 31. StA. 379/2. 436. Und Fürst Anhalt an den Churfürsten von der Pfalz. Amberg 1609 Jan. 2. StA. 379/2. 440.

allem die Freistellung, die Aufhebung des geistlichen Vorbehaltes und die Lahmlegung der Reichsbehörden durchzusetzen; man musste es nur verstehen, allgemeine evangelische Interessen, wie die Donauwörther Sache, mit speciell pfälzischen so geschickt zu verflechten, dass man eins mit dem andern durchsetzte.

Der Heidelberger Hof arbeitete eifrig, geschickt und glücklich. In der kurzen Zeit bis zum Reichstag waren alle Vorbereitungen fertig. Am Neuburger Hof hatte man noch einige Zeit an einen engeren Bund mit Baden und Würtemberg und einen weitern mit Churpfalz gedacht,[1] — vermuthlich zögerte der alte eifrig lutherische Pfalzgraf mit dem Anschluss an die Calvinisten, während sein Sohn Wolfgang Wilhelm diesen schon im eigenen Interesse betrieb, — aber einen Versuch zur Verwirklichung desselben scheint man nicht gemacht zu haben. In derselben Zeit wurde von Churpfalz bereits zu einer Versammlung von Räthen süddeutscher Fürsten eingeladen und wurden Unionsartikel versendet. Auf der Versammlung sollte ausser der Donauwörther Sache noch von den Hofprocessen und der Justiz am Kammergericht, wo allem Anschein nach die Jesuiten grossen Schaden anrichteten, von dem Frieden in Ungarn, den Gravaminibus auf dem Reichstag, der Beilegung der Trennung zwischen den protestantischen Ständen, auch wohl von einer Kriegsverfassung die Rede sein. Speciell für den Pfalzgrafen war noch als Lockung ins Programm gesetzt, dass auch besondere Angelegenheiten, wie mit Kaisheim und dem Hirschbergischen Landgericht, erörtert werden könnten. Donauwörth nahm,

---

[1] Hofrathssitzung vom 25. Dec. 1607. S. o. p 48. Anm. 1. — Vgl. auch p. 37. Anm. 1.

wie man sieht, unter all diesen Punkten nur einen unbedeutenden Platz ein.

Wegen Kürze der Zeit kam es nicht zu der Vorversammlung, aber nach allen Seiten hin ergiengen Einladungen zu einer gemeinsamen Haltung der evangelischen Stände auf dem Reichstag. Als Motiv dienten hauptsächlich die bairischen Rüstungen. Wen der Churfürst nicht selbst einladen mochte, an den wandten sich auf sein Ersuchen die andern Fürsten. Das Glück begünstigte seine Bemühungen. Die Reichsstädte und die Schwäbischen Kreisstände hatten sich bereits vorher über eine gemeinsame Haltung auf dem Reichstag verständigt.[1] Den Erzbischof von Mainz hatte der Churfürst brieflich, den Kaiser durch den Landgrafen von Leuchtenberg schon früher von einer Beförderung der Execution abgemahnt. Als man auf dem Reichstag zusammenkam, fand man alle evangelischen Stände ausser Chursachsen, Hessen-Darmstadt und Braunschweig[2] geneigt, sich zu Gunsten der Donauwörther Sache und anderer allgemeiner evangelischer Interessen zu einigen.

Dem gegenüber scheint auf katholischer Seite nicht viel geschehen zu sein. Wahrscheinlich hatten die katholischen Stände des Schwäbischen Kreises, als sie sämmtlich vom Reichstag wegblieben, zugleich ihre Verabredungen für den Reichstag getroffen. Von dem Bischof von Regensburg kennen wir ein früheres Schreiben, das hierzu auffordert.[3]

---

[1] S. o. p. 34. Anm. 2; p 35. Anm. 1; p. 39. Anm. 1.

[2] Churpfälzische Gesandte auf dem Reichstag an den Churfürsten von der Pfalz. Regensburg 1608 Jan 27. StA. 379/2. 18. — Churpfälzische Gesandte an den Churfürsten von der Pfalz. Regensburg 1608 Febr. 16. 379/2. 43. — Landgraf Ludwig von Hessen an den Churfürsten von der Pfalz. Giessen 1608 März 8. StA. 379/2. 76.

[3] S. o. p. 34. Anm. 1.

Wir sahen, wie sich bei den protestantischen Ständen die Donauwörther Frage aus einer religiösen in eine politische verwandelte. Dasselbe geschah aber auch auf bairischer Seite. Herzog Max stieg von der Höhe, die er bisher eingenommen hatte, herab. Noch in dem Manifest, worin er den katholischen Fürsten, namentlich dem Papst und dem König von Spanien die Einnahme von Donauwörth mittheilte, hatte er sich ihrer als eines Siegs des Katholicismus in Deutschland gerühmt;[1] jetzt trübte sich die Reinheit seines Eifers durch den Hinzutritt selbstsüchtiger Bestrebungen. Er fasste den Plan, Donauwörth für sein Haus zu gewinnen. Damit trat er in eine Linie mit seinen Gegnern, bei denen auch die hohen Worte zur Verhüllung niedriger Absichten dienen mussten. Wie sie sollte er bald empfinden, dass die Politik der materiellen Interessen grosse Erfolge zu erringen nicht vermag. Der Gedanke scheint von dem Herzoge selbst ausgegangen zu sein.[2] Einzelne von seinen

---

[1] Der Herzog Max an den Churfürsten von Cöln (den Erzherzog Ferdinand, den Kaiser, den Papst, den Cardinal Borghese, den Papst, den Bischof von Adria, an Andreas Minutius, an den Erzbischof von Salzburg) München 1607 Dec. 18. RA. IV. 180. — Summarische Relation über die Einnahme von Donauwörth 1607. RA IV. 30. — Der Herzog Max an den Papst. München 1608 Februar 13. VI. 238. — Don Clemente, spanischer Gesandter in Prag, an den Herzog Max. Prag 1607 Dec. 25. RA. IV. 514. — Vgl. auch: Herzog Max an Andreas Hannewaldt. S p. 47. Anm. 4.

[2] Vgl. p 10. Anm. 1. — Dr. Gewold an den Herzog Max. München 1608 Jan. 3. RA. IV. 430. — Gutachten der zur Donauwörther Sache verordneten Räthe. München 1607 Dec. 24. RA. IV. 302. (Auszug bei Wolf II. 257 ff.). Dies Gutachten beruht im Wesentlichen auf Dr Jocher's Gutachten über dieselben Punkte. S. o. p. 10. A. 1. Von den bairischen Ansprüchen auf Donauwörth hielt man am Münchner Hof offenbar selbst nicht

Räthen, wie Dr. Gewold, ergriffen ihn eifrig und wiesen bald nach, dass Baiern noch alte Rechte auf Donauwörth habe; andere, wie Dr. Jocher, schüttelten den Kopf. Jocher war ein aufrichtiger ehrlicher Mann, aber es gieng ihm bald wie manchmal tüchtigen Juristen, indem er rechtlich und gesetzlich verwechselte, und eifrig zustimmte, als sich ein gesetzlicher Weg fand, auf dem das Haus Baiern in den festen Besitz von Donauwörth gelangen konnte. Dies war die dauernde Occupation von Donauwörth als Pfand für die Executionskosten, die gemäss der Executionsordnung von dem Aechter zu tragen waren.[1] Die Stadt selbst wäre schon jetzt kaum im Stande gewesen, nur die Zinsen dieser Summe, die bereits 200,000 Gulden überstieg,[2] zu bezahlen. Die Kreise, denen demnächst die Verpflichtung zufiel,[3] hatten gewiss nicht Lust, die Kosten einer Execution zu tragen, bei der man sie nicht einmal befragt hatte. Für die protestantischen Stände aber hätte die Uebernahme der Verpflichtung soviel geheissen, als die Bezahlung der Kriegskosten an den siegreichen Gegner.[4] Der kaiserliche Hof endlich, der selbst fast vom Gnadenbrod lebte, konnte

---

viel; niemals machte man Gebrauch von denselben. — Vergl. noch Gutachten Dr. Wagnereck's 1607 Dec. RA. IV. 321.

[1] Kammergerichts-Ordnung Tit. XLIX § 5 in Neue Sammlung der Reichsabschiede III. Theil

[2] Die städtischen Einnahmen betrugen durchschnittlich 15000 fl.; die Ausgaben in der Regel eben so viel. Einnahmen und Ausgaben von Donauwörth. RA. V. 361.

[3] Kammergerichts-Ordnung a. a. O. § 6.

[4] Der Graf von Oettingen an den Pfalzgrafen von Neuburg. Oettingen 1609 Mai 5. StA. 338/27. 436. — Der Herzog von Würtemberg an den Churfürsten von der Pfalz. Kirchheim unter Teck 1609 April 4. StA. 379/3. 117.

nichts thun, auch wenn er gewollt hätte. Auf der andern Seite aber legte Herzog Max seiner Hauptabsicht, der Beförderung der katholischen Religion zu dienen, ein Hinderniss in den Weg, indem er zu dem religiösen Gegensatz, den er in Donauwörth und bei allen protestantischen Ständen fand, noch einen zweiten Gegner gegen sich bewaffnete in dem Gefühl für reichsstädtische Freiheit und dem Interesse aller, denen an Erhaltung der Reichsstädte gelegen war, zunächst also der andern Städte und des Kaisers selbst. Endlich aber musste die Vergrösserung Baierns allen Nachbarn, besonders dem Vetter in Neuburg ein Dorn im Auge sein.

Um diese Punkte bewegt sich die Geschichte Donauwörths in den folgenden Jahren; die Stadt verhält sich dabei mehr leidend als selbstthätig; ihre Widerstandskraft wächst und nimmt ab mit der Kraft und Thätigkeit der protestantischen Partei im Reich.

Einstweilen hielt der Herzog sich vorsichtig zurück in der Verfolgung seines doppelten Zieles, um seinerseits den Wunsch des Kaisers, einen guten Reichstag zu bekommen, nicht zu vereiteln. Seine Commissare hatten strengen Befehl, sich in den Grenzen der kaiserlichen Commission zu halten.[1] Von dem Executionscorps behielt er fortan nur 300 Knechte als Besatzung in Donauwörth.[2] Die Bedingungen der Uebergabe wurden streng eingehalten. Nur das städtische Eigenthum wurde mit Beschlag belegt, sonst

---

[1] Memorial für v. Bemelberg, Dr. Jocher und Dr. Forstenhauser (Nebenmemorial) 1607 Dec. 27. RA. IV. 362.

[2] Die Donauwörther Executionscommissare an den Herzog Max 1607 Dec. 24. RA. IV. 297.

durfte niemand beschädigt oder geplündert werden.[1] Ueber einen Hauptmann, der von einem Bürger 700 Gulden erpresst hatte, wurde ohne Gnade Standrecht gehalten.[2] So legte sich allmählich der Schrecken, mit dem man die Baiern empfangen hatte. Fast alle Geflüchteten kehrten zurück; nur die eigentlichen Rebellen und die Prädicanten blieben draussen.[3] Ihre Güter wurden mit Arrest belegt[4] Verhaftet wurden nur einige als Rädelsführer Bezeichnete, die in der Stadt geblieben oder dahin zurückgekehrt waren.[5] Auch in religiöser Beziehung verfuhr man schonend. Zwar gestattete man keinem lutherischen Geistlichen Ausübung des Gottesdienstes innerhalb der Stadt, unter dem Vorwand, bis auf weiteren kaiserlichen Befehl dürfe der Stand, in dem man sie vorgefunden, nicht geändert werden,[6] aber man zwang niemand zum Besuch des katholischen Gottesdienstes, sondern erlaubte den Bürgern, in Berg und Zirgesheim die Befriedigung ihrer religiösen Bedürfnisse zu suchen.[7] In

---

[1] Die Räthe und Commissare zu Donauwörth an den Herzog Max 1607 Dec. 17. RA. IV. 152.

[2] Beck bei Königsdorfer p. 324. — Expeditio Donawerdana a Jacobo Biderman. MB. Codex bav. 1324.

[3] Examen aller Zünfte ob und wohin sie geflohen 1608 Jan. 16/23. RA. V. 220. — Inventar etc. S. o. p. 42. A. 2.

[4] Der Herzog Max an die Commissare in Donauwörth. München 1607 Dec. 19. RA. IV.

[5] Verzeichniss der gefangenen Bürger. München 1608 Febr. 6. RA. IV 257.

[6] S. o. p. 55. Anm. 1.

[7] Es wurden jedoch regelmässig die Namen der Kirchgänger aufgeschrieben oder auch Zettel ausgetheilt. — Donauwörther Commissare an den Herzog Max 1608 Jan. 4. RA. IV. 494. — Commissare in Donauwörth an den Herzog Max 1608 Febr 13. RA. VI. 257.

der leerstehenden Pfarrkirche liess man die Jesuiten zwar predigen, aber keine andern geistlichen Functionen vornehmen, bis der Kaiser dieselbe den Katholiken überwiesen hatte.[1] Anfangs schien das Bekehrungswerk guten Fortgang zu haben; als aber die Neugier befriedigt war und die Furcht aufgehört hatte, war von einem Eifer, katholisch zu werden, bald nichts mehr zu spüren.[2] Um den protestantischen Ständen jeden Grund zur Klage auf dem Reichstag zu benehmen, liess man durch einige evangelische Bürger bezeugen, dass kein Zwang in religiösen Dingen geübt werde, und dies notariell beglaubigen.[3]

Dennoch wurde der Wunsch des Kaisers nicht erfüllt. Nachdem man ein paar Monate resultatlos verhandelt hatte, verliessen die Gesandten der protestantischen Stände den Reichstag. Was auch der Grund gewesen sein mag, die Donauwörther Sache war es nicht. In ihrer Rechtfertigungsschrift, vom 16. April 1608, erwähnten sie ihrer nicht einmal. Wohl aber hatte sie dazu beigetragen, die Auflösung zu ermöglichen; denn mittelst ihrer war es dem Churfürsten von der Pfalz gelungen, für einen Augenblick sämmtliche protestantische Stände um sich zu einigen und die Trennung zu einer allgemeinen zu machen. Im übrigen spielt

---

[1] Die bairischen Commissare machten den katholischen Bürgern eine Supplication um die Pfarrkirche, die dem Kaiser überschickt wurde. — Commissare in Donauwörth an den Herzog Max 1608 Jan. 6. RA. IV. 556. — Der Kaiser an den Herzog Max. Prag 1608 März 10. RA. VII. 82.

[2] P. Georg Schretl an den Herzog Max. Donauwörth 1608 Jan. 29. RA. V. 187. — Beck's Chron. f. 242a. — P. Georg Schretl an den Herzog Max. Augsburg, 1608 April 15. RA. VIII. 7.

[3] Commissare in Donauwörth an den Herzog Max 1608 Jan. 24. RA. V. 147.

Donauwörth in den Verhandlungen auf dem Reichstag eine sehr untergeordnete Rolle.[1] Die von den Churpfälzern entworfene Intercession für Donauwörth wurde zwar von den Gesandten aller evangelischen Stände — nur die Braunschweigischen sonderten sich aus naheliegenden Sonderinteressen ab,[2] — unterzeichnet, aber erst Ende März, nachdem zwei Monate früher die ersten Berathungen darüber stattgefunden hatten, und auf das dringende Verlangen von Chursachsen in sehr abgeschwächter Form.[3] — Diese Intercession, die auf einem von den Würtemberger Räthen erstatteten Bericht beruhte, ist insofern von Wichtigkeit, als sie Dr. Jocher zum Druck seiner Relation veranlasste, und selbst wieder als Grundlage für die Information diente. — Wenn im Städterath davon gesprochen wurde, die Contribution von der Restituirung Donauwörths abhängig zu machen, so mag das wohl ernsthaft gemeint gewesen sein;[4] bei dem

---

[1] Vgl. Wolf II. 276 ff.

[2] Herzog Max an den Herzog von Braunschweig. München 1608 Febr. 25. RA. VI. 145. — Der Herzog von Braunschweig an den Herzog Max. Büntheim 1608 März 11. RA. VII. 33.

[3] Die Intercessionsschrift bei Wolf II. 317 ff. — Die erste Berathung wegen Donauwörth fand vor dem 26. Januar, die letzte am 21. März statt. — Churpfälzische Gesandte an den Churfürsten von der Pfalz. Regensburg 1608 Jan. 27. StA 379/2. 18. — Dieselben an denselben 1608 Febr. 16. StA. 379/2. 43. — Marx Welser an den Herzog Max. Augsburg 1608 Febr. 9. RA. VI. 248. — Der Churfürst von der Pfalz an seine Gesandten in Regensburg. Heidelberg 1608 Febr. 22. StA. 379/2. 47. — Churpfälzische Gesandte an den Churfürsten von der Pfalz 1608 Febr. 24. StA. 379/2. 53. — Landgraf Ludwig von Hessen an den Churfürsten von der Pfalz. Giessen 1608 März 8. StA. 379/2. 76. — Churpfälzische Gesandte an den Churfürsten von der Pfalz. Regensburg 1608 März 28. StA. 379/2. 92.

[4] Dr. Jocher an den Herzog Max. Regensburg 1608 Febr. 16. RA. VI. 317.

Churfürsten von der Pfalz war es gewiss nur Vorwand.[1] Was auf katholischer Seite dagegen geschah, ist auch nicht von Bedeutung. Auf den Wunsch des Erzherzogs Ferdinand verfasste Dr. Jocher einen Bericht zur Wiederlegung der vielen Vorwürfe gegen seinen Herzog und gegen den kaiserlichen Hof wegen ihres Verfahrens in der Donauwörther Sache, und theilte dem kaiserlichen Commissar und anderen katholischen Ständen Copien davon mit. Die Relation ist aus diesem Bericht erwachsen.[2]

Auf den ersten Blick könnte es scheinen, als sei die bald danach (14. Mai 1608) zu Ahausen abgeschlossene Union ein Rückschritt gegen jene allgemeine Vereinigung der evangelischen Stände auf dem Reichstag. Aber die Vereinigung auf dem Reichstag trug kein Element der Dauer in sich; sie war nur eine den Volksversammlungen unserer Tage vergleichbare Coalition aller durch ein gemeinsames religiöses Gefühl verbundenen Glieder des Reichs. Es war, als habe man einmal den innern Zusammenhang aller protestantischen Parteien gegenüber dem Katholicismus documentiren wollen und hierzu einen an und für sich wenig bedeutenden Anlass benutzt. Mit der Erreichung dieses Zweckes war die Coalition zu Ende. Zurück blieben nur ihre Veranlasser und Leiter, der Churfürst von der Pfalz mit seinem Premierminister, dem Fürsten Christian von Anhalt, und die süddeutsche Union der lutherischen Fürsten,

---

[1] Dr. Jocher an den Herzog Max. Regensburg 1608 Febr. 20. RA. VI. 320.

[2] Dr. Jocher an den Herzog Max. S. o. p. 47. A. 3. — S. o. p. 58. A. 4. — Bericht Dr. Jocher's über die Donauwörther Acht. Regensburg 1608 Febr. RA. VI. 327. — Herzog Max an seine Räthe in Regensburg. München 1608 April 29. RA. VIII. 30.

die ihren Anschluss an Churpfalz bereits vor dem Reichstag vollzogen hatte. Sie bildeten fortan eine Partei, die in sich bereits den Keim zum grossen deutschen Kriege barg. Donauwörth aber hört von diesem Augenblick an auf, eine allgemeine Bedeutung zu haben. Noch oft genug wird sein Name genannt; fast kann man sagen, er verschwinde nicht mehr aus der Geschichte des deutschen Reiches, aber es ist dann wie eine Erinnerung in deren Rechnungsbüchern, dass sich an diesen Namen eine nie zum Austrag gekommene Streitfrage knüpfe.

Dennoch können wir es uns nicht versagen, noch einen Blick auf die Stadt zu werfen, deren Schicksalen wir bisher in Glück und Unglück gefolgt sind. In Donauwörth gebot zwar der Herzog von Baiern und der Katholicismus, noch aber war die Stadt weder katholisch noch bairisch. An Eifer zur Erreichung des doppelten Zieles liess es der Herzog nicht fehlen; aber die Hände waren ihm durch die Beschaffenheit seiner Stellung gebunden. Er war nur kaiserlicher Commissar und hielt sich auch jetzt noch, wie er bisher stets gethan hatte, in den Schranken der kaiserlichen Befehle.[1] Donauwörth verlor, wenngleich geächtet, doch nicht ganz den Charakter einer Reichsstadt, in der beide Religionen zu Recht bestanden. Dies Verhältniss dauerte ungeändert fort bis zum Sommer 1609. Da erst gelang es dem Herzog nach langen Verhandlungen, in denen er seine Gründe durch Drohungen, Gunst und Geschenke verstärken musste,[2] zugleich mit der Absolution Donau-

---

[1] Gutachten Dr Jocher's und Gutachten der bairischen Räthe. S. o. p. 53. A. 1.

[2] Fast allein von diesen Verhandlungen handeln die Bände XIV. u. XV. der Donauwörther Executions-Acta. Vgl. auch Wolf

wörths von der Acht die Immission bis zur Rückerstattung der Executionskosten zu erlangen.[1] Diese musste von Jahr zu Jahr schwieriger werden. Gegen Baarzahlung würde der Herzog sein Pfand abgetreten haben, das ihm lange nicht seine Kosten deckte, aber mit Recht weigerte er sich auf blosse Versprechungen hin sich zur Abtretung zu verstehen.[2] Ebensowenig kann es ihm verargt werden, dass er mit der Liquidirung zögerte, so lange man offen die Absicht ausprach, die Rechnung zu reduciren, ohne zugleich einen Zahler für den Rest anzugeben. Freilich war die Rechnung hoch genug gestellt; sie war die eines Kaufmanns für seinen Gegner im Process. Alle bei der Execution gemachten Ausgaben, gleichviel ob der Herzog, auch abgesehen von der Execution, Vortheil davon genossen hatte oder nicht, hatte man aufgeführt, daneben selbst einige Posten, die sich rechtlich nicht vertheidigen liessen und die eine unparteiische Rechnungsrevision ohne Zweifel gestrichen hätte.[3] Aber hinter

---

II. 336 ff. — Was Wolf (p. 342) dabei von dem Abt und dem Bischof von Augsburg erzählt, ist grundlos.

[1] Vgl. die vorige Anm. — Extract aus einem Schreiben einiger Donauwörther. Donauwörth 1609 März 13. StA. 338/27 125. — Commissare zu Donauwörth an den Herzog Max. Donauwörth 1609 Juli 24. RA. XVI. 190.

[2] Nicht nur officiell wiederholt der Herzog bei jeder Gelegenheit diese Versicherung. Nur wünschte er nicht, dass der Zahler dieselben Rechte auf Donauwörth erwerbe, die er hatte, damit nicht die katholische Religion von neuem gefährdet werde. — Herzog Max an Forstenhauser. München 1609 März 26. RA. XV. — Herzog Max an den Landgrafen von Leuchtenberg. München 1609 Sept. 25. RA. XVI. 373.

[3] Ende 1608 belief sich die Rechnung auf circa 255000 fl. StA. 404/2. Die von Wolf II. p. 388 mitgetheilte muss viel späterer Zeit sein. Die Acten über die Liquidirung fand ich leider

dem ganzen Streit über die Executionskosten steckte kein Ernst, denn kein Mensch hatte Lust zu zahlen. Mehr wurde dem Herzog die Katholisirung der Stadt erschwert. Zwang wollte er in Donauwörth nicht anwenden, nicht als ob er dies Mittel für verwerflich gehalten hätte, sondern aus politischen Gründen.[1] Er wollte diese den protestantischen Ständen empfindliche Stelle nicht zu hart berühren. So musste man sich auf die andern Bekehrungsmittel alter und neuer Zeit beschränken: Predigten und Proselytenmacherei aller Art, dann Beschränkung des protestantischen Cultus, Zurücksetzung in politischer Beziehung und mancherlei Chikanen.[2] Dabei giengen auch wohl die Beamten in ihrem Eifer weiter als der Herzog selbst.[3] Wie sehr

---

nicht. Doch ist falsch, dass der Herzog mit sechsfacher Kreide geschrieben habe. Kein Posten war erhöht. Gerade die Einsetzung einer Prüfungscommission beweist, dass man nicht unrechtlich zu Werke gehen wollte. Decret an die Liquidations-Commission. München 1608 Oct. 29. Vgl. RA. XIV.

[1] S. o. p 60. A. 1. — Herzog Max an Metternich. München 1608 Jan. 21. RA. V. 117. — Der Herzog Max an v. Bemelberg. München 1609 Sept. 19. RA. XVI. 351. — Der Herzog Max an v. Bemelberg. München 1609 Sept. 26. RA. XI. 741. — Herzog Max an v. Bemelberg München 1611 Aug. 3 RA. XIII. — Herzog Max an v. Kirchberg. München 1613 Juli 17. RA. XII. 120 — Herzog Max an v. Kirchberg. München 1615 Febr. 13. RA. XII. 309.

[2] Instruction für Otto Forstenhauser und Albrecht Lerchenfelder. München 1611 März 20. RA. XIII. — Donauwörther Abgeordnete an die Unirten. Schwäbisch-Hall 1610 Jan. 14. StA. 379/3. 176.

[3] Der Herzog Max an Dr. Forstenhauser. München 1608 Juni 21. RA. IX. 17. — Der bei Wolf II. 272 erwähnte Vorfall gehört auch hierhin. Vgl. Informatio Beil. 37 u. 38. Das zweite Decret war nur zur Beschönigung des Rückzugs bestimmt. Den

solche Massregeln im Geist der Zeit lagen, erhellt daraus, dass sie fast in allen Bekehrungsgeschichten des 16. und 17. Jahrhunderts wiederkehren, und auch zu Donauwörth einst in ganz ähnlicher Art gegen die Katholiken geübt worden waren. Häufig verletzte man dabei den ersten Grundsatz der Gerechtigkeit, dass für alle das gleiche Gesetz gelten müsse.[1]

Der Standhaftigkeit der Protestanten in Donauwörth kann man Anerkennung nicht versagen.[2] Zwar entsprang sie nicht durchweg aus edlen Motiven. Viele schreckte die Furcht und die Gefahr einer Reaction vom Uebertritt ab, andere schämten sich vor ihren eigenen Glaubensgenossen, so lange kein eigentlicher Zwang geübt ward und der Besuch des protestantischen Gottesdienstes zu Berg und Zirgesheim noch freistand, ihre Religion zu verlassen. Aber bei gar vielen war es doch auch die Ueberzeugung, vermöge deren sie bei dem Glauben, in dem sie erzogen oder alt geworden waren, selbst dann noch festhielten, als keinerlei äussere Motive mehr dazu bestimmen konnten. Kampf und Leiden hatten den Glaubenseifer gestärkt; die Prädicanten in Berg und Zirgesheim mahnten mit eindringlichen Worten ihre Beichtkinder zur Beharrlichkeit. Sie und die flüchtigen

---

Protestanten blieb der Besuch des Gottesdienstes zu Berg und Zirgesheim nach wie vor erlaubt.

[1] Der Herzog Max an v. Bemelberg, München 1608 Mai 24. RA. VIII. 320.

[2] P. Schretl an den Herzog Max. Augsburg 1608 April 15. RA. VIII. 7. — Otto Forstenhauser an den Herzog Max. Donauwörth 1608 Juli 24. RA. IX 120. — Schreiben aus Donauwörth 1609. MB. Cod. germ. 1251. — Relation Forstenhausers und Lerchenfelders. München 1611 Mai 6. RA. XIII. — Relation Dr. Gailkirchers 1612 März 22. RA. XIII. u. a. m.

Bürger bildeten die Vermittler zwischen der Stadt und den protestantischen Ständen. Diese bestimmte theils wirkliche Theilnahme an dem Schicksal der evangelischen Donauwörther, theils das Interesse, wenigstens äusserlich eine solche zu zeigen, die Donauwörther Sache immer wieder anzuregen und auf vollständige Restitution zu dringen.[1] Auf fast allen Unionstagen der nächsten Jahre fanden sich flüchtige Donauwörther im Namen ihrer Mitbürger ein, erbaten und erhielten für sich Unterstützungen und für ihre Vaterstadt Versprechungen. Im Frühjahr 1609 fand noch einmal, hauptsächlich zur Berathung über die Restitution von Donauwörth, ein allgemeiner Schwäbischer Kreistag in Ulm statt; aber die protestantischen Stände unterlagen hier der Einigkeit und Disciplin der katholischen;[2] während man von beiden Seiten die Interessen des Kreises und des Reiches völlig hinter den religiösen zurückstellte. Unter den Beschwerden, auf deren Ab-

---

[1] Der Churfürst von der Pfalz an den Pfalzgrafen von Neuburg. Heidelberg 1608 Juni 14. StA. 379/2. 145. — Der Pfalzgraf von Neuburg an den Churfürsten von der Pfalz. Neuburg 1608. Oct. 8. StA. 379/2. 263. — Daniel Cleminius an die Unirten. Rothenburg 1608 Aug. 9. StA. 379/2. 213. — Daniel Cleminius an den Pfalzgrafen von Neuburg 1608 Sept. 11. StA. 279/2. 231. — Memorial für den an den Churfürsten von Sachsen gesandten Pfalzgrafen Augustus. Neuburg 1608 Nov. 18. StA. 338/27. 66. — Der Fürst von Anhalt an den Churfürsten von der Pfalz. Amberg 1609 Jan. 2 StA. 379/2. 440. — Die Unirten an den Kaiser 1609 März 11. RA. XI. — Die Unirten an den Kaiser 1609 März 24. StA. 379/3. 109.

[2] Georg Gaugler an den Pfalzgrafen von Neuburg. Ulm 1609 März 31. StA. 338/27. 168. — Der Bischof von Constanz an den Bischof von Augsburg. Mörsburg 1609 Febr. 10. RA. XI. — Abschied des Schwäbischen Kreistages. Ulm 1609 April. RA. XI.

stellung der Fürst von Anhalt im Juli 1609 zu Prag so energisch drang, war auch der Donauwörther Process.[1] Selbst die Churfürsten, auf den Tagen zu Fulda im August 1608 und zu Nürnberg im October 1611, und jene Fürsten, die im Mai 1610 zu Prag den Frieden zwischen dem Kaiser und dem König Matthias vermittelten, legten ein gutes Wort für Donauwörth ein.[2] Worte hatten alle, Thaten fast niemand. Nur der einzige Pfalzgraf von Neuburg und einige Städte zeigten Opferwilligkeit, vorzüglich auf Geuzkoflers Betreiben, der auch in diesen Verhältnissen noch einmal hervortritt,[4] aber sie fanden damit sonst keinen Anklang. So scheiterten an der Erstattung der Kosten, worauf Herzog Max nun einmal ein unbestreitbares Recht hatte, alle Versuche, Donauwörth den Baiern und dem Katholicismus zu entreissen. Allmählich erlahmte der Widerstand in der Stadt, besonders seitdem der Pfalzgraf Philipp Ludwig todt war und sein Sohn das Neuburgische Gebiet zur katholischen Kirche zurückzuführen begann. Auch Herzog Max behandelte Donauwörth immer mehr als eine bairische Landstadt. Während im ersten Jahre nach Einnahme der Stadt nur etwa 30 Familien katholisch geworden, namentlich solche, die es früher bereits gewesen waren,[5] in den

---

[1] S. Wolf II. 355 fl.

[2] Cleminius und Buecher an die Unirten. Rothenburg 1608 Aug. 9. StA. 379/2. 213. — Die Evangelische Bürgerschaft zu Donauwörth an die Unirten. Rothenburg 1613. StA. 379/4. 6.

[3] Häberlin (v. Senckenberg) Neuere teutsche Reichsgesch. Bd. 23 p. 187 ff.

[4] Vgl. o. p. 54. A. 4. — Georg Gaugler an den Pfalzgrafen von Neuburg. S. o p. 64. A. 2. — Herzog Max an N.N. 1614 Febr. StA. 338/26^1/$_2$. 4.

[5] Commissare zu Donauwörth an den Herzog Max. Donauwörth 1608 Dec. 18. RA. XI.

folgenden Jahren der Zuwachs noch langsamer war, war 1618 schon fast die Hälfte der Bürgerschaft katholisch.[1] 1627 forderte man unter Androhung der Ausweisung den Rest der Protestanten, etwa 70 an der Zahl, darunter einen grossen Theil jener Männer, die vor zwanzig Jahren an dem Processionsstreit Theil genommen hatten, zum Uebertritt auf. Sie gehorchten äusserlich,[2] aber als bald danach die Stadt in schwedische Hände gerieth, schien Donauwörth mit einem Mal wieder protestantisch geworden.[3] Erst die Schlacht bei Nördlingen verschaffte dem Katholicismus dauernden Sieg.[4] Das Geschlecht, das für seinen Glauben gekämpft hatte, liess sich nicht bekehren; erst die neue katholisch erzogene Generation hatte die Traditionen ihrer Väter vergessen.

[1] v. Dandorf an den Churfürsten Max. Donauwörth 1627 Febr. 23. RA. Donauwörth de Ao. 1518/1630. 116.
[2] S. die vorige Anm. — Der Churfürst Max an v. Dandorf. München 1627 März 10. RA. Donauwörth de Ao. 1518/1630. 114. — Der Statthalter zu Donauwörth an den Churfürsten Max. Donauwörth 1631 Mai 11. RA. Don. de Ao. 1518/1630. 123.
[3] Der Churfürst Max an den Salzbeamten zu Donauwörth. Braunau 1634 Sept. 19. RA. Don. de Ao. 1518/1630. 126.
[4] Pfleger zu Donauwörth an den Churfürsten Max. Donauwörth. 1635 Mai 14. RA. Don. de Ao. 1518/1630. 134.

Bericht über die Quellen.[1]

Bis zum Anfang dieses Jahrhunderts stützte sich die Kenntniss der Geschichte des Donauwörther Processionsstreites fast ausschliesslich auf drei gleichzeitige Streitschriften: Die Donawertische Relation 1610; — die Entgegnung auf dieselbe, betitelt: Beständige Informatio facti et juris 1611 (in 2. Auflage 1612); — und wieder gegen sie gerichtet von dem Verfasser der Relation. Notwendige Erinnerung Ingolstadt 1613, von der nur der erste Theil erschien.

Der historische wie der literarische Werth der beiden ersten Schriften ist nicht unbedeutend. Beide sind im Interesse und Auftrag der Häupter der grossen Parteien der Zeit, Katholiken und Protestanten, geschrieben; — ihre Verfasser — sie nannten sich nicht, wurden aber schon damals mit ziemlicher Gewissheit von den Gegnern errathen — gehörten selbst zu den praktischen Staatsmännern ihrer Parteien und waren in allem, was Donauwörth betraf, aufs beste unterrichtet. Der Verfasser der Relation und der Erinnerung ist Dr. Wilhelm Jocher,[2] ein tüchtiger Jurist und fleissiger Arbeiter, der von den Räthen des Herzogs von Baiern am meisten mit dieser Angelegenheit zu thun

---

[1] Bei der Citirung der Quellen ist unter der Abkürzung R.A. das Münchner Reichsarchiv, und zwar, wenn keine andere Bezeichnung hinzugefügt ist, die dort befindliche Serie „Donauwörther Executions-Acten", zu verstehen. — Die Buchstaben MB. bedeuten: Hof- und Staatsbibliothek zu München. — Die Buchstaben StA. das Münchner Staatsarchiv. — RP. die Donauwörther Rathsprotokolle.

[2] Herzog Max an Dr. Jocher. München 1610 März 4. R.A. XI. Der erste Theil der „Notwendige Erinnerung" befindet sich handschriftlich im R.A. Religions-Acta Donawört betr. XIII. XIV.

hatte.[1] Seiner Relation lag eine kürzere Deduction zu Grunde, die er auf dem Reichstag zu Regensburg 1608 dem Erzherzog Ferdinand übergeben hatte.[2] Als Verfasser der Informatio nennt Lünig[3] den Würtembergischen Rath Faber und den Oettingischen Müller, eine Angabe, die zu bezweifeln wir keinen Grund haben. Beide Männer waren während der Donauwörther Irrung mehrfach verwendet worden. Jocher standen die sämmtlichen bairischen Acten und die bei der Einnahme von Donauwörth vorgefundene protestantische Correspondenz zu Gebote; den protestantischen Ständen hatte der Donauwörther Rath vor der Execution der Acht regelmässig Copien der Acten zugeschickt, und nachher erhielten sie von Donauwörther Bürgern fortlaufende ausführliche Berichte. Diesen Vorzügen steht der Nachtheil gegenüber, dass beide Schriften den Zwecken einer Partei dienen und es sich zur Aufgabe machen, von den Gegnern nur nachtheiliges, von der eignen Partei nur rühmliches zu berichten In der Information fehlt es zudem nicht an absichtlichen Entstellungen, die der Relation kaum nachzuweisen sind. Mehr noch schadet der officiöse Charakter der beiden Schriften, der ihre Verfasser hindert, offen mit ihrer Meinung herauszurücken und sie nöthigt, Aeusserungen zu vermeiden, die ihre Partei compromittiren oder fremde Stände beleidigen könnten. Als Geschichtsquelle ist die Informatio auch darum von Wichtigkeit, weil sie viele Actenstücke wörtlich mittheilt

Bei der Beurtheilung des literarischen Werths der Relation und der Information ist vor allem im Auge zu behalten, dass wir es nicht mit politischen, sondern juristischen Streitschriften zu thun haben. Das geschichtliche Element tritt daher sehr zurück. Angriff und Vertheidigung drehen sich um Fragen des deutschen Reichsrechts, die sich an den Donauwörther Process knüpften, vor allem um die Hauptfrage, die seit dem Ende des 16. Jahrhunderts stehend geworden war: wer der Träger der höchsten Gerichtsbarkeit sei, der Kaiser oder das Kammergericht.

---

[1] Neben seiner Thätigkeit als Subdelegirter erstattete er eine Menge von Gutachten, die mehrmals die Grundlage für das Votum des geh. Raths des Herzogs von Baiern bildeten.

[2] Dr. Jocher an den Herzog Max 1608 Febr. 10. RA. VI. 241. — Bericht Dr. Jochers. Regensburg 1608 Febr. RA. VI. 327.

[3] J. Chr. Lünig, Bibliotheca deductionum. Leipzig 1745. — Vgl. Notwendige Erinnerung p. 223.

Die Verfasser sind tüchtige Juristen, verfechten mit Gelehrsamkeit und Scharfsinn ihre verschiedenen Ansichten, sind durchdrungen von dem Gegensatz, der sich durch die Geschichte des ganzen Mittelalters hindurchzieht und sich hier noch einmal, freilich in abgeschwächter und häufig kleinlicher Art, offenbart, dem Gegensatz zwischen kaiserlicher Macht und Territorialhoheit. — An Witz und Schlagfertigkeit, überhaupt in der Offensive, gebührt der protestantischen Schrift der Vorzug, — an logischer Klarheit der Relation.

Die Notwendige Erinnerung ist neben den beiden früheren Schriften kaum nennenswerth. Weder sachlich noch in der Begründung bringt sie viel neues. Indem sie sich fast ganz auf eine ausführliche Widerlegung der Vorwürfe der Information beschränkt, steigert sie die dem Jahrhundert eigene Schwerfälligkeit und Breite des Stils zur unerträglichen Langenweile. Der zweite Theil und die versprochenen Beilagen erschienen nie.[1]

Was sonst noch gleichzeitig über den Donauwörther Streit im Druck erschienen ist, kann als Quelle nicht gelten.[2]

Die Quellensammlungen und Reichshistoriker des 17. und 18. Jahrhunderts[3] enthalten keine Bereicherung des Stoffes. Eine solche brachten erst P. P. Wolf und Cölestin Königsdorfer.[4] Die Hauptquelle für das ganze Werk des letztern, die handschriftliche Chronik von Georg Beck[5], kann für den Donauwörther Processionsstreit in der That als Quelle gelten. Der Verfasser, Prior im Kloster zum h. Kreuz, hat die religiösen Stürme der Jahre 1605/8 miterlebt, soweit es dem Mönche möglich war. Zwar schrieb er seine Chronik erst 1619, aber nach Notizen aus früherer Zeit. Jedoch ist die Ausbeute aus dem ihm Eigenthümlichen gering; seine Unkenntniss der städtischen Vorgänge, überhaupt alles

---

1 Lünig a. a. O. — Auch die beiden von mir benutzten Exemplare enthalten eben so wenig wie die Handschrift den im ersten Theil versprochenen zweiten: ein Beweis, dass das Interesse für Donauwörth erkaltet war.

2 Lünig a. a. O.

3 Meyern: Londorp. suppl. T. 1. Francof. 1666. — J. Chr. Lünig, Reichsarchiv T. XIII. Leipzig 1714. — Lori, Lechrain T. II. — Häberlin's Neuere teutsche Reichsgeschichte (Forts. von v. Senckenberg) B. 22 u. 23. — v. Sartori, Geschichte von Donauwörth. Frankfurt 1779.

4 Cölestin Königsdorfer, Geschichte des Klosters zum h. Kreuz in Donauwörth. 3 Bde. Donauwörth 1819/29.

5 Jetzt auf der Fürstl. Oettingen-Wallersteinschen Bibliothek zu Maihingen. Vgl. Königsdorfer a. a. O. 382 ff.

dessen, was man miterleben musste, nicht in Büchern lesen konnte, ist auffallend gross. Mehr entnahm er aus Urkunden und aus den erwähnten Streitschriften. Am wichtigsten aber wird er für uns dadurch, dass er die ihm vorliegenden Rathsprotokolle aus den Jahren 1606/7 grossentheils wörtlich ausschrieb.[1] In Folge dessen haben wir wahrscheinlich fast nichts von Bedeutung über diese Jahre aus ihnen verloren. — Königsdorfer muss man das Zeugniss geben, dass er seine Quelle sorgfältig benutzt hat. Unrichtigkeiten seiner Darstellung fallen mehr dieser als ihm zur Last. Freilich bekommen wir durch ihn weder ein klares Bild der städtischen Vorgänge, noch eine Vorstellung von der Bedeutung des Streites für die deutsche Geschichte.

Ungleich grösser war der Fortschritt, den unsere Geschichtskenntniss mit Wolf's Geschichte Maximilians I. machte.[2] Ihm stand das reiche Actenmaterial des Münchener Reichsarchives, vor allem die zwanzig Bände Donauwörther Executions-Acta zu Gebote, und er theilte daraus eine grosse Menge von wichtigen Actenstücken in Copie oder ausführlichem Auszug mit, die namentlich über die bairische Politik Licht verbreiten. Aus vielen andern entnahm er einzelne Notizen. Aber gerade hierdurch hat er mehr geschadet als genützt. Schon v. Aretin hat mehrfach auf die Fehler und absichtlichen Entstellungen seines Werks hingewiesen.[3] Diese erklären sich zunächst aus der Art, wie Wolf die freilich saure Arbeit des Actenstudiums betrieb. Einzelne Stücke, die ihm beim flüchtigen Durchblättern des Bandes oder Durchlesen des Index als interessant erschienen, schrieb er ab oder aus. Lücken, die sich dabei mit Nothwendigkeit ergaben, zeigte er in der Regel dem Leser nicht, sondern suchte sie durch eigene Zusätze, bei denen oft genug sein Vorurtheil mitwirkte, zu ergänzen.

Hieraus ergibt sich, was bei einer Wiederaufnahme der Quellenforschung zu leisten war.

Zuerst mussten die bairischen Acten, mochten sie von Wolf benutzt oder nicht benutzt sein, durchgearbeitet werden.

---

1 Chronik f. 220 b. f. 223. 232 b. ff.

2 Peter Philipp Wolf, Geschichte Maximilians I. und seiner Zeit. 2. Band. München 1807 p. 185 ff.

3 C. M. Freih. v. Aretin. Geschichte des bayer. Herzogs und Churfürsten Maximilian I. Passau 1842 p. 362. 369. 388. 404 u. a.

Dann war zum Verständniss der städtischen Ereignisse eine Durchsicht der Rathsprotokolle nöthig. Leider fehlten gerade die wichtigsten Bände, nämlich die Protokolle der Jahre 1552/69, in denen sich der Uebertritt des Magistrats zum Protestantismus vollzog, und der Jahre 1602/7. Theilweise ergänzt Beck's Chronik diese Lücken.

Die Politik der protestantischen Stände erhielt Licht durch zwei Gruppen von Acten im Münchener Staatsarchiv: Pfalz-Neuburger und Churpfälzer. Anderes findet sich zerstreut unter den bairischen Akten.

In vielem bleibt unsere Kenntniss auch jetzt noch mangelhaft. Doch werden sich die Umrisse der Gestalten hoffentlich ohne Täuschung erkennen lassen. Nicht so der Antheil, den der kaiserliche Hof an dem Ereigniss hatte. Zu seiner Beurtheilung sind wir für die Jahre 1605/8 auf wenige Gesandtschaftsberichte angewiesen; erst im Spätjahr 1608 erfahren wir durch Dr. Forstenhausers Sendung nach Prag näher, wie principlos zerfahren und schmutzig die Politik des kaiserlichen Hofes war. Daraus müssen wir auf die früheren Jahre zurückschliessen.